El camino que debemos tomar

El camino que debemos tomar

UNA GUÍA VALIOSA PARA TU TRAVESÍA POR LA VIDA

Francis Chan

◉

Bill Hybels

◉

Eugene Peterson

◉

Gordon MacDonald

www.EditorialNivelUno.com
Para vivir la Palabra

Para vivir la Palabra

MANTÉNGANSE ALERTA;
PERMANEZCAN FIRMES EN LA FE;
SEAN VALIENTES Y FUERTES.
—1 CORINTIOS 16:13, NVI

Edición en español © 2018 Editorial Nivel Uno, una división de Grupo Nivel Uno, Inc.

Publicado por:

Editorial Nivel Uno, Inc.
3838 Crestwood Circle
Weston, Fl 33331
www.editorialniveluno.com

Publicado en inglés bajo el título:
THE ROAD WE MUST TRAVEL
Published by Worthy Publishing
One Franklin Park, 6100 Tower Circle, Suite 210
Franklin, TN 37067
with the title The Road We Must Travel by
Francis Chan, Eugene Peterson, and Bill Hybels, copyright © 2014

ISBN: 978-1-941538-44-9

Desarrollo editorial: *Grupo Nivel Uno, Inc.*
Diseño interior y portada: *Grupo Nivel Uno, Inc.*

Impreso en USA

18 19 20 21 22 VP 9 8 7 6 5 4 3 2

CONTENIDO

———— ◉ ————

TERCERA PARTE:
PROBLEMAS Y DESVÍOS

CUARTA PARTE:
VIAJA SIN MUCHA CARGA

QUINTA PARTE:
VISIÓN PERIFÉRICA

INTRODUCCIÓN

«Trazas el camino delante de mí y me
dices dónde parar y descansar».
—Salmos 139:3, TLB

Se trata de la línea resaltada en azul.

Los mapas de papel que las antiguas generaciones acostumbraban doblar, arrugar, garabatear, reparar con cinta adhesiva y extenderlos sobre mesas de cocina, bancos de picnic y en el asiento delantero de los autos, camionetas y camiones han desaparecido casi por completo.

Ahora todo es digital.

Los nuevos mapas son representaciones brillantes, intuitivas, actualizadas y de alta definición que brillan en las pantallas de teléfonos inteligentes, tabletas, computadoras portátiles y elegantes unidades de dispositivos de posicionamiento global, mejor conocidos como GPS. Estos son mapas que no se rasgan a lo largo de los pliegues, ni se acuñan en los asientos del automóvil ni absorben el café que se derrama. No tienes que rebuscarlos en la guantera del auto para encontrarlos y no se necesita un título de ingeniería para volver a doblarlos. Simplemente escribes en tu dispositivo dónde estás, a dónde quieres ir y... *voilà*. Ahí está. La dulce certeza de lo que querías saber.

La línea resaltada en azul.

Esa zafirina línea calmante, reconfortante e inconfundible que cubre tu curso, iluminando tu camino, dirigiéndote audazmente del punto A al punto B por la mejor ruta.

Ahhhh… si tuviéramos una línea así en nuestra vida.

¿No sería algo maravilloso? Escribes el lugar donde estás en el momento, escribes «Cielo» como tu destino final y presionas el botón. Y allí, ante tus ojos, está el trayecto del resto de tu vida, desde ahora hasta que cruces el umbral de la gloria.

Sin embargo, así no funciona la cosa, ¿lo crees? Es bueno y reconfortante tener un punto A y un punto B en nuestras vidas, pero ¿dónde está la línea que marca nuestra ruta? ¿Con qué te encontrarás al girar en la curva? ¿Dónde están las intersecciones? ¿Cuál es el kilometraje? ¿Será una autopista de ocho carriles o una sinuosa carretera rural con unos cuantos puentes descalabrados? ¿Cuánto tiempo tardará? ¿Dónde están las salidas, las vistas, los caminos panorámicos y las paradas de descanso?

Podemos preguntar todos los detalles que queramos pero, en realidad, eso no ayudará. Nadie sabe la ruta precisa que cada uno de nosotros tomará para llegar al otro lado. Puede haber un destino claro —y gracias a Dios por eso—, pero no hay una línea resaltada en azul que marque el curso de aquí hasta allá.

Unas veces eso es bueno, otras no. Podríamos incluso identificarnos con Tomás que, presa del dolor y el miedo, expresó: «Señor, no sabemos a dónde vas, *así que ¿cómo podemos conocer el camino?*» (Juan 14:5).

Jesús, por supuesto, le dijo a su ansioso amigo: «Yo soy el camino».

¡Y lo es! Pero no nos muestra —a ninguno de nosotros— una ruta resaltada. Eso sigue siendo una propuesta día a día, hora a hora, momento a momento. Como lo señaló Salomón: «La mente del hombre planea su camino, pero el Señor dirige sus pasos» (Proverbios 16:9, NBLH).

Sin embargo, podemos hacer esto: *Asegurarnos de estar preparados para la travesía, cualquiera sea la ruta.* De eso es que trata todo este libro. No es un atlas de camino, parece más un cuaderno de bitácora o un diario de viajes, con ideas útiles para navegar en la vida. No, no es exactamente como la película

La Europa de Rick Steves, pero aquí tenemos a doce viajeros sabios, experimentados y afables que brindan consejos bíblicos y reflexivos para nuestros problemas, soluciones para los obstáculos comunes y un estímulo acogedor para la carretera que tienes ante ti.

Sí, nos guste o no, todos estamos en el mismo viaje.

Sin embargo, no todos viajamos con paz y perspectiva.

Con un poco de ayuda de estos amigos, tal vez podamos hacerlo.

PRIMERA PARTE

LISTO PARA VIAJAR

Si tu bicicleta de carbono de alta tecnología para carretera se atasca con la cadena de velocidades, dándote ocho en vez de las veinticuatro previstas, no es momento de lanzarte a ochenta kilómetros por hora en un circuito montañoso.

Si vas a iniciar un viaje de costa a costa por carretera en tu Oldsmobile de los años noventa —que ha visto mejores días— y ves una luz en el tablero que te advierte que debes «revisar el motor» cuando sales del estacionamiento, será mejor que pienses de nuevo en tus planes.

Una vez Dios lanzó un desafío similar al profeta Jeremías, diciendo: «Si te cansa competir contra simples hombres, ¿cómo podrás correr contra caballos? Si tropiezas y caes en campo abierto, ¿qué harás en los matorrales cerca del Jordán?» (Jeremías 12:5, NTV).

En otras palabras, es mejor que te asegures de que estás listo para el viaje que vas a hacer, porque puedes tener algunos tramos difíciles a la vuelta de la esquina. Sea cual sea tu modo de viaje, harías bien en asegurarte de que estés en condiciones de circular y estés listo para un largo viaje.

En esta sección, Gordon MacDonald, Bill Hybels, Mark Buchanan y Nathan Conrad nos ayudan a reflexionar sobre algunos temas fundamentales que nos prepararán para la siguiente fase de nuestra travesía.

1

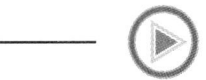

NECESIDAD DE UNA AUTOEVALUACIÓN SINCERA

*Cada semana, reúnete con Dios
para que le rindas cuentas*

GORDON MACDONALD

En 1801, William Wilberforce, miembro del Parlamento inglés y líder de las fuerzas antiesclavistas en el Imperio Británico, pasó por una grave crisis espiritual. ¿El problema central? La ambición política. Si hubiera manejado mal la experiencia, es probable que la historia de la Inglaterra del siglo XIX hubiera sido bastante diferente.

La lucha de Wilberforce comenzó cuando una elección general produjo un nuevo primer ministro, Henry Addington. La burla en las calles era que Wilberforce estaba en la lista A de posibles miembros del gabinete de Addington. El biógrafo Garth Lean escribe que Wilberforce fue absorbido por la especulación y, durante un tiempo, no se le ocurrió nada más. Más tarde, al contar esos días, Wilberforce se describió a sí mismo como «intoxicado (con) asaltos de ambición».[1]

Muchos de los que hemos experimentado los privilegios del liderazgo comprendemos bien esos «asaltos», uno de los cuales es la ambición. Puedes poner el abuso de poder en una «lista de asaltos» junto con el enojo, la competitividad, los problemas de integridad y la tentación moral. Y eso es solo el comienzo. Cuando nos enamoramos de una fantasía o asumimos una actitud feroz con alguien o algo, esa mentalidad es difícil de cambiar. Casi nunca cambia por sí misma.

Para Wilberforce, la gran seducción fue la ambición. Muchos de nosotros sabemos lo que es sentirse hipnotizado por el atractivo de algo más grande, más influyente. Usualmente eso es seguido por la tentación de manipular personas y procesos para captar lo que el ego desea. Fue un domingo cuando Wilberforce por fin confrontó su ambición. Al final de un día de adoración y soledad, Wilberforce escribió: «Bendito sea Dios por el día de descanso y ocupación religiosa donde las cosas terrenales asumen su verdadero tamaño. La ambición es atrofiada». La crisis fue abordada.

En este breve comentario, William Wilberforce hace referencia a uno de los grandes secretos de su propia vida: su compromiso con los retiros semanales de la lucha salvaje de la vida pública para poder participar en el culto, la conexión con un pequeño círculo de amigos cercanos y la reflexión serena.

Es la tercera de estas actividades —la reflexión— lo que más me fascina de Wilberforce. La reflexión es un diálogo interno; una conversación que uno genera con Dios y consigo mismo. Durante la conversación interna, se suspende tu participación con otras personas. Hay un tiempo para amar, servir, cuidar a otras personas. Pero el tiempo de conversación interna es personal y privado.

PARTICIPA EN TU DIÁLOGO INTERNO

Aislarse para implementar un diálogo o conversación interna es similar a lo primero que informan los asistentes de vuelo cuando les dicen a los pasajeros de un avión que si aparecen las máscaras de oxígeno, deben ponerse las suyas antes de ayudar a los demás.

Lo cual es absurdo, sobre todo para las madres, pero es completamente lógico.

El escritor Anthony Bloom describió a su padre como un hombre que conocía bien esa clase de conversaciones. Cuando sentía la necesidad de trabajar con su alma, a veces pegaba un aviso en la puerta de su casa: «No te molestes en llamar. Estoy en casa, pero no abriré la puerta».[2] Cosa que no es fácil para aquellos que queremos agradar a la gente. En cuanto a eso de que toquen a la puerta de nuestra casa, somos unos tontos.

Hay cierta sensación de que existe una conversación interna en los Salmos cuando el escritor cuestiona su ser en lo más profundo: «¿Por qué te abates, oh alma mía...?» (Salmos 43:5). O cuando el escritor invita a Dios a que lo atienda: «Examíname, oh Dios, y conoce mi corazón» (Salmos 139:23).

A veces, la conversación interna se origina con Dios. Lo ves en las palabras que emplea para advertirle a Caín: «¿Por qué estás tan enojado? ¿Por qué andas cabizbajo?» (Génesis 4:6). Lo notas en la pregunta que Dios hace cuando Elías huye al desierto con temor a Jezabel: «¿Qué haces aquí, Elías?» (1 Reyes 19:13). Luego cuando dice: «Disminuye la velocidad, duerme, come, bebe. Y luego dime otra vez cómo llegaste aquí». Lo que sigue es una fascinante conversación interna en la cual se repara la perspectiva inexacta que Elías tenía de las cosas. Pablo probablemente se está refiriendo a una conversación interna cuando habla de su «aguijón en la carne» y su frustración con ello. «Tres veces le rogué al Señor que me la quitara» (2 Corintios 12:8). Pero Dios no lo hizo.

Durante sus muchos años como servidor público, Wilberforce rara vez descuidó su compromiso con esa conversación interna el día de reposo. Y los domingos, en particular, cuando lidiaba con su ambición, demostraba por qué esa disciplina con el calendario era tan importante. Si hubiera usado el día para otros fines, no se sabría qué tan mal pudo haber ido su vida.

Wilberforce no solo reservaba los domingos para su diálogo interno, sino que usualmente iniciaba sus días laborales de una manera similar aunque más breve. A veces digo que eso que hacía en esas mañanas era presionar el botón de reinicio espiritual. Una vez, Wilberforce dijo de estas ocasiones: «En la tranquilidad de la mañana antes de que la mente se canse y agote por la agitación del día, hay un tiempo de inusual importancia para comunicarte con Dios y contigo mismo».

Garth Lean comenta que en la «batalla cotidiana eran, cada vez más, esas primeras horas de la mañana… y sus tranquilos domingos lo que le daban (a Wilberforce) la fuerza y perspectiva de sí mismo y del mundo».

Ese profundo hábito de Wilberforce me ha marcado enormemente a lo largo de los años. Ha influenciado mi propio compromiso con los «días de reposo» temprano en la mañana y las conversaciones internas, las que de otro modo podría ignorar.

POR QUÉ RELEGAMOS ESTA CONVERSACIÓN

En mis años más jóvenes como pastor, estaba muy cargado de demasiada energía y excesivas ideas como para creer realmente que era útil apartar un tiempo para una conversación interior tranquila. Leer el periódico, atender las citas durante el desayuno, realizar el trabajo, parecía mucho más atractivo. Fue solo cuando la evidencia comenzó a acumularse —fatiga, frustración, malas decisiones, sabiduría errónea—, que recibí el mensaje. Mis prioridades no estaban alineadas.

En mis años posteriores de servicio cristiano, he tenido el privilegio de hablar y enseñar a pastores de casi todas las denominaciones. Por lo general, no me piden que hable sobre administración, crecimiento de la iglesia o predicación. Al contrario, a menudo me piden que hable sobre el aspecto personal de la vida del cristiano, en el que se producen las batallas interiores (como las de Wilberforce). Central en mi presentación: el lugar de la conversación interna y la pregunta: «¿Cómo es la tuya?»

¿QUERÍA DIOS REALMENTE QUE LOS CRISTIANOS SE SINTIERAN ASÍ?

En esas conferencias, en encuentros tranquilos con hombres y mujeres en posiciones de liderazgo, escucho varios temas recurrentes, muchos de ellos alarmantes: «Estoy agotado... Me he quedado sin ideas... No sé cuánto tiempo más podré seguir haciendo esto... Parece que todos tienen una parte de mí y no me queda nada... Me encuentro huyendo de las personas... Mi familia es miserable... La pornografía (o fantasía sexual) es un problema... Estoy terriblemente decepcionado de mí... Dios parece estar a un millón de kilómetros de distancia... Ya no es muy divertido». Las mismas quejas también provienen de algunos cristianos que son más activos en la iglesia.

Un día, cuando estaba en un centro de conferencias de Nueva Inglaterra hablando de las formas en que ordenamos nuestro mundo privado, encontré un viejo libro que describe la historia de los bautistas de Nueva Inglaterra. En ella había una carta escrita en 1932, por un pastor frustrado, al ministerio ejecutivo de su área: «He estado en mi pastorado actual siete años. Necesito un cambio. Mi gente quiere que me vaya, aunque todavía no me han llamado para decírmelo. Muy pronto puede que lleguen a ser así de directos. La asistencia ha bajado; las ofrendas son pocas. Estoy dispuesto a ser candidato en cualquier lugar. Solo denme la oportunidad».

Ese hombre piensa que la respuesta a sus problemas es un nuevo comienzo, quizás un hogar más agradable para su familia, una directiva de ancianos o diáconos que sean más amables con él.

Cuando leo una carta como esa o tengo el tipo de conversaciones que acabo de describir, me pregunto: ¿Quería Dios realmente que las personas espirituales se sintieran así? Sé que el sufrimiento a menudo es parte del llamado al ministerio, pero ¿es así como se supone que terminan las cosas para tantos? ¿O estas descripciones son el resultado de descuidar la conversación interna?

Henri Nouwen admitió una perturbación similar cuando escribió: «¿Qué impide que (los líderes) se vuelvan aburridos, taciturnos, tibios burócratas, personas que tienen muchos proyectos, planes y citas, pero que han perdido el ánimo en algún momento en medio de sus actividades?»[3]

Es cierto que puedo ser el viejo —al igual que Nouwen en este sentido— que se preocupa demasiado. Quizás asumo erróneamente que la mayoría de las personas caerán en algunas de las trampas en las que ocasionalmente caí. Pero mi preocupación aumenta cuando veo a demasiados que no han tenido en cuenta la necesidad indispensable de una serena dimensión temporal en la que pueda tener lugar la conversación interna; con Dios y, sí, con ellos mismos. Al carecer de esto, carecen de resiliencia, sostenibilidad, capacidad de crecer (o de profundizar) continuamente y proporcionar liderazgo espiritual durante los años que Dios nos da.

«La batalla se gana primero en los lugares secretos de nuestra voluntad delante de Dios, nunca en el mundo exterior», escribió Oswald Chambers. «Nada tiene poder sobre [la persona] que luchó la batalla delante de Dios y ganó allí».[4]

Esto, por supuesto, es lo que William Wilberforce estaba experimentando esos domingos: una conversación interna en los lugares secretos.

Entre mis preguntas más frecuentes a líderes masculinos y femeninos que luchan contra el malestar espiritual, está: «¿Cómo luce una semana ideal para ti? Descríbeme las actividades prioritarias que ocupan tu semana». Por lo general, escucho una lista de actividades directivas con las que todos estamos familiarizados: reuniones de personal, estudio de sermones, consultas con líderes de iglesias, seminarios de capacitación, reuniones presupuestarias, citas para consejería, funciones de planificación a largo plazo. A veces hay comentarios sobre el ejercicio físico (eso es bueno) y funciones familiares (eso es aún «mejor»). Pero, ¿qué es lo que falta demasiado a menudo? Cualquier alusión a un tiempo de reposo personal: esos momentos para actividades que agrandan y limpian el alma, momentos para la conversación interna.

A veces me preguntan: «¿Qué haces en el tiempo del día de reposo?» Sospecho que debo decepcionar cuando evado la pregunta formulada. Descarté los trucos hace mucho tiempo. No me funcionaron. Lo que se volvió más importante fueron los resultados. ¿Qué hago? Simple: lo que sea necesario para tener un renovado sentido de conversión a Cristo, una conciencia más profunda del camino bíblico, una garantía de que la gracia y el poder de Dios permanecen conmigo.

Cuando pregunto a muchos cristianos si hay tiempo en sus calendarios para la búsqueda de dichos resultados, obtengo este tipo de respuestas:

- Estoy demasiado ocupado.
- No tengo la menor idea de qué haría si tomara ese tiempo.
- Mi mente está demasiado llena de pensamientos; no puedo concentrarme.
- Soy extrovertido. Estar solo, estar callado, reflexionar no es lo mío.
- No obtengo ningún resultado inmediato al hacerlo.
- Es aburrido.

A veces me imagino a Moisés sentado ante una conversación oyendo decir cosas como estas. Él erigió una tienda llamada la «Tienda de reunión» al borde del campamento, donde los israelitas se quedaban mientras Moisés conferenciaba con Dios en la montaña. Cuando Moisés iba a esa tienda, se nos dice que «hablaba el Señor con Moisés cara a cara, como quien habla con un amigo» (Éxodo 33:11). Eso me suena a un lenguaje de conversación interna.

Aunque el Dios de la Biblia es grande, misterioso y no puede describirse en términos humanos, aquí hay una descripción excepcional de la conversación entre Moisés y el Dios de Israel. Se atreve a describir a Dios en un lenguaje humano íntimo. Pero el propósito del escritor no es hacer que Dios parezca uno de nosotros; es para expresar la manera de conversación interna en la que Moisés podía recalibrar su vida.

Me parece interesante que la historia de la tienda de Moisés sea precedida por la devastadora experiencia de encontrar a su gente bailando alrededor de un becerro de oro, una reversión al paganismo egipcio. Sorprendido por el comportamiento de ellos, perdió la cabeza. Sospecho que quería renunciar, alejarse. Pero basado en la forma en que el escritor alineó estas historias, creo que se nos dice que en esa tienda, Moisés pudo decir lo que pensaba, preguntar sobre cosas que necesitaba saber y escuchar a Dios renovar su misión y su valentía.

Moisés tenía su tienda (un cierto espacio) y Wilberforce tenía sus días de reposo (un cierto tiempo). Y, como resultado, ambos hombres renovaron sus fuerzas. Ejemplifican el pensamiento de Pablo ante los corintios cuando escribió —y uso aquí el genio de Eugenio Peterson para parafrasearlo—: «Pruébense para asegurarse de que están firmes en la fe. No vayan a la deriva suponiendo que todo está bien. Háganse chequeos periódicos» (2 Corintios 13:5).

He encontrado que la mejor manera de mejorar ese chequeo, esa conversación interna, es a través de preguntas. Estas son la extensión de la propia curiosidad y funcionan maravillosamente cuando uno examina su propia alma en presencia del Señor.

PREGUNTAS QUE DEBES USAR EN LA CONVERSACIÓN INTERNA

Las preguntas que más me gustan examinan el corazón de uno igual que el salmista menciona cuando escribe: «¡Examíname!» Están destinadas a probar el espacio interior de la vida de uno y provocar una conversación que conduzca a la luz.

La conversación interna comienza, para mí, recordando el tiempo transcurrido desde la última vez que la practiqué y revisando los acontecimientos que han ocurrido. ¿Hay algún significado en alguno de esos sucesos? ¿Hay lecciones que aprender, sabiduría que extraer?

Mi propia teoría es que ese mismo evento, cada transacción humana en la vida, brinda una percepción. Pero a menudo está enterrada como el oro o el petróleo. Tiene que ser descubierta. Tal vez es por eso que las personas ocupadas son impresionantes, pero a menudo superficiales. No tienen tiempo para extraer el oro y perforar el petróleo.

Aquí hay muchos más «iniciadores de conversación interna» de los que necesitas, pero estas son algunas de las preguntas que, para mí, comienzan a excavar el oro oculto:

- ¿Cuáles han sido los hermosos momentos en los que Dios pudo haberse estado revelándoseme? ¿Y cuáles han sido los malos momentos en que se reveló lo peor en mí o en el mundo en general?
- ¿Qué sucedió esta semana que debe ser recordado, tal vez registrado en un diario para poder regresar a él en el futuro y recordar la bendición (o la reprimenda) de Dios?
- ¿Cuáles han sido mis sentimientos predominantes (y cuáles son en este momento)? ¿Ha predominado la tristeza, el miedo, la ira, el vacío? ¿O ha sido un tiempo en que la alegría y el entusiasmo han sido el estado de ánimo dominante?
- ¿Cuáles han sido las bendiciones, esos actos de gracia que han llegado a través de otros o, tal como lo percibo, directamente de Dios mismo? ¿Puedo expresar elogios y aprecio (a veces incluso escritos en una nota de agradecimiento o un diario)?
- ¿Han sucedido cosas por las cuales debo aceptar la responsabilidad, tal vez conduciéndome al arrepentimiento? ¿Por qué sucedieron? ¿Fueron evitables y cómo pueden prevenirse en el futuro?
- ¿Qué pensamientos han estado dominando mi tiempo de pensar? ¿Pensamientos nobles? ¿Pensamientos escapistas que me alejan de cuestiones más importantes

o desafiantes? ¿Pensamientos superficiales que conducen a ninguna parte?

- ¿Existe la posibilidad de que esté viviendo en negación respecto de ciertas realidades (por ejemplo, críticas dolorosas, trabajos descuidados, patrones habituales) que me están perjudicando a mí y a otros?

- ¿Hay resentimientos o malos sentimientos hacia otros que permanecen sin ser abordados, sin perdón?

- Visualizándome en compañía de mi cónyuge, hijos, amigos, colegas: ¿soy una persona con la que es agradable estar? ¿Las personas son desafiadas, elevadas, entusiasmadas cuando entro a la sala? Como alguien ha observado: «Algunas personas traen alegría a donde sea que llegan; otras traen alegría cuando se van». ¿Cuál de ellas soy?

- ¿Qué está tratando de decirme Dios hoy? ¿A través de las Escrituras? ¿A través de otras lecturas? ¿Qué ha estado diciendo a través de aquellos en mi círculo interno de relaciones? ¿A través de los críticos? ¿Qué ideas se arremolinan y salen de las partes más profundas de mi alma? ¿Cuál de ellas debe ser repudiada y cuál necesita ser cultivada?

- ¿Cuáles son las posibilidades en las próximas horas? ¿Dónde podría haber emboscadas que desafiarían el carácter, la reputación y el bienestar?

- ¿Qué cosas puedo hacer y decir que harían que las personas en mi círculo íntimo se sientan más amadas y apreciadas?

- ¿Soy consciente de los que son socialmente torpes, los pobres, los que sufren, los oprimidos en mi mundo cercano y en el mundo en general? ¿Estoy en sintonía con los acontecimientos actuales apropiados en el mundo y percibiéndolos a través del lente de la perspectiva bíblica?

- ¿Qué pasos específicos daré hoy para mejorar mi crecimiento como seguidor de Jesús?

Me gustaría hacer una pregunta más como parte de mi conversación personal interna. ¿Qué pasa si hoy es el día en que me encuentre cara a cara con Jesús... ya sea porque Él regrese o porque me llame inesperadamente a su presencia? Para una gente que dice que creemos en la vida eterna, esta es una pregunta muy importante que no debe evitarse.

No sé si William Wilberforce se acercó a sus silenciosas horas de reposo con este tipo de cuestiones. Tal vez tenía una manera diferente, mejor. Lo que sí sé es que en 1801, cuando llegó a un punto de inflexión potencial en su vida, la costumbre que tenía con las conversaciones internas lo ayudó a evitar un terrible error. La ambición fue «inmovilizada».

Pascal, el filósofo e inventor francés, escribió en su *Pensees*: «Toda la infelicidad de los hombres se debe a un solo hecho, que no pueden quedarse quietos en su propio aposento». Estoy seguro de que lo estoy sacando un poco de contexto, pero estas palabras se ajustan al punto que estoy tratando de hacer. Las personas que no se toman el tiempo, que no sienten la necesidad, que no creen que sean capaces de mantener una conversación interna se ponen en un enorme peligro. El que no conoce a la persona interna, se expone a un posible desastre.

Durante muchos años William Wilberforce disfrutó de una amistad con John Newton, antiguo comerciante de esclavos y más tarde siervo de Dios. Wilberforce era el político, Newton el pastor. Lo que tenían en común era su fe y su creencia de que el poder espiritual se derivaba, primeramente, de las tranquilas actividades conversacionales internas que el hombre tenía con Dios (para citar a Pascal) en su propia y privada recámara.

Newton tenía sus propias ideas sobre cómo era una conversación interna. En la biografía de Newton, que escribió Jonathan Aitken, se describe cómo Newton redujo el núcleo de su vida

espiritual a cinco principios que creía que lo guiarían en su liderazgo con las personas y su caminar con Dios. Él determinó…

- iniciar y terminar cada día con Dios;
- leer detenidamente las Escrituras con una diligencia y
  atención adecuadas a la dignidad del tema;
- pasar el día de reposo completamente con el Señor;
- elegir para mis compañeros solo buenas personas de las
  que pueda derivar alguna mejora; y
- convertirme en todo para todos los hombres a fin de poder
  salvar a algunos.[5]

Eso da buenos resultados.

2

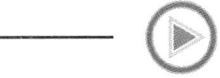

PRIMERO,
MÍRATE TÚ MISMO

Tú mismo eres tu desafío más difícil

BILL HYBELS

Imagínate una brújula: norte, sur, este y oeste. Casi cada vez que se menciona la palabra *liderazgo*, ¿en qué dirección piensan los líderes instintivamente?

En el sur.

Di la palabra *liderazgo* y la mayoría de las mentes de los líderes migran hacia las personas que están bajo su cuidado. En las conferencias de liderazgo, las personas generalmente piensan: «Voy a aprender a mejorar mi capacidad para dirigir a las personas que Dios me ha confiado».

El sur. Es el primer instinto de un líder.

Muchas personas, sin embargo, no se dan cuenta de que para ser un buen líder, hay que ser capaz de dirigir en todas las direcciones: norte, sur, este y oeste.

Por ejemplo, los buenos dirigentes deben liderar hacia el norte, a aquellos que están por encima de ti. No puedes enfocarte solo en los que se te confiaron. A través de la relación y la influencia, los buenos líderes guían a la gente que está sobre ellos. Gran parte de lo que hago como pastor principal en la congregación Willow Creek Community Church, a través de la relación, la oración y la visión cuidadosa, es tratar de influir en los que están por encima de mí: la directiva y los ancianos.

Los líderes eficaces también aprenden cómo liderar al este y al oeste, lateralmente, en entornos de iguales o grupos de colegas. Si no aprendes a liderar lateralmente, si no sabes cómo crear situaciones beneficiosas para todos con tus colegas, toda la cultura puede deteriorarse.

Por tanto, el líder debe dirigir hacia abajo, hacia arriba y hacia los lados. Pero tal vez el desafío del liderazgo más olvidado es el que está en el centro. ¿Quién es tu desafío de liderazgo más difícil?

Tú mismo.

Considera 1 Samuel, capítulo 30. David, el futuro rey de Israel, es un joven líder emergente en aquel momento. Está aprendiendo a dirigir a sus tropas a la batalla. No es maduro aún. Pero Dios está derramando su favor sobre él y la mayoría de las veces las batallas se desarrollan como David quiere. Sin embargo, un día terrible, ese patrón cambia. Después de regresar a casa tras luchar contra otro enemigo, David y sus hombres descubren que los soldados atacaron y destruyeron su campamento, arrastraron a las mujeres y a los niños, y quemaron todas sus pertenencias.

¡Esto definiría un «mal día» para cualquier líder! Pero eso no es todo. Sus soldados están cansados, enojados y preocupados por sus familias. Están molestos con Dios. Una facción de sus hombres difunde la noticia de que ya están cansados del liderazgo de David. Se dan cuenta de que todo es culpa de él, por lo que deciden apedrearlo hasta que muera.

En esta crisis, el liderazgo de David es severamente probado. De repente, tiene que decidir quién necesita más liderazgo. ¿Sus soldados? ¿Los oficiales? ¿La facción?

¿Su respuesta? Ninguna de las anteriores.

En este momento crucial, David se da cuenta de una verdad esencial: tiene que liderarse a sí mismo antes que a los demás. A menos que esté en orden internamente no tiene nada que ofrecerle a su grupo. Entonces, «David se fortaleció en el Señor su Dios» (1 Samuel 30:6). Solo entonces dirige a su grupo para ir al rescate de sus familias y lo que queda de sus pertenencias.

David entendió la importancia del autoliderazgo. Aunque no se habla mucho sobre el tema del autoliderazgo, no te confundas, es gran parte del juego. ¿Con qué eficacia puede cualquiera de nosotros dirigir a otros si nuestros espíritus están decaídos, nuestro coraje es vacilante y nuestra visión o compromiso es débil?

Hace un tiempo leí un artículo que me creó cierto desequilibrio. El autor, Dee Hock, desafió a los líderes a calcular la cantidad de tiempo y energías que invierten en cada una de estas direcciones: personas debajo de ellos, sobre ellos, compañeros y líderes. Como él ha estado pensando y escribiendo sobre liderazgo por más de veinte años y es un ganador en el «Salón de la Fama de los Negocios», deseaba su sabiduría.

Su recomendación: «Debemos invertir el cincuenta por ciento de la intensidad de nuestro liderazgo en la tarea de liderarnos a nosotros mismos; y el cincuenta por ciento restante debería dividirse en liderar hacia abajo, hacia arriba y hacia los lados». Sus cálculos me molestaron tanto que puse el artículo a un lado. Pero dejé que se cocinara a fuego lento, que es mi práctica habitual cuando alguien se mete con mi mente.

Mientras eso se estaba cocinando, leí un artículo de Daniel Goleman, el autor del best seller, *Inteligencia emocional*. Desde que publicó ese libro en 1997, Goleman ha dedicado su tiempo a analizar por qué algunos líderes desarrollan todo su potencial y por qué la mayoría llega a un punto lejano de su máximo potencial.

¿Su conclusión? La diferencia es (lo adivinaste) el autoliderazgo. Él lo llama «autocontrol emocional». ¿Qué caracteriza el potencial de liderazgo maximizado, según Goleman? Permanecer tenazmente en el liderazgo a pesar de la abrumadora oposición o el desaliento. Permanecer en el juego del liderazgo y mantener la mente sobria durante tiempos de crisis. Mantener el ego a raya. Mantenerse enfocado en la misión más que en distraerse con la agenda de otra persona. Todo esto indica altos niveles de autocontrol emocional. Goleman dice: «Los líderes excepcionales se distinguen a sí mismos debido a su autoliderazgo superior».

Mientras leía su información que corroboraba, pensé: ¡Tal vez los porcentajes de Dee Hock no son tan absurdos!

Recuerdas los primeros cinco capítulos del Evangelio de Marcos. ¿Recuerdas el intenso patrón del ministerio de Jesús seguido rápidamente por el tiempo reservado para la reflexión, la oración, el ayuno y la soledad? Ese patrón se repite a lo largo de su ministerio. Jesús estaba practicando el arte del autoliderazgo. Se iba a un lugar tranquilo y reevaluaba. Se recordaba a sí mismo quién era y cuánto le amaba el Padre. El propio Jesús, incluso, necesitaba invertir periódicamente en mantener su vocación clara, evitar que su misión se desviara y mantener a raya tanto la distracción como la tentación.

Esto es autoliderazgo. Nadie —y me refiero a nadie— puede hacer este trabajo por ti. Tienes que hacerlo tú mismo. El autoliderazgo es un trabajo arduo, tan difícil —dice Dee Hock—, que la mayoría de los líderes lo evitan. Al contrario, preferimos tratar de inspirar o controlar a nuestra gente que hacer el riguroso trabajo de reflexionar.

Hace algunos años, un importante líder cristiano se descalificó como ministro. Un artículo publicado describió su desaparición: «[Él] se hundió como una roca, golpeado, quemado, enojado y deprimido, nada bueno para sí mismo ni para las personas que amaba».

Cuando ese pastor decidió escribir públicamente acerca de su experiencia, dijo: «A fin de cuentas, ni siquiera podía dormir por la noche. Otra ola de vidas rotas llegaría a la orilla de la iglesia y supe que ya no tenía suficiente compasión por ellos. Por eso me enojé dentro de mí, me enojé mucho. Demasiada gente todavía se pregunta qué pasó conmigo. Piensan que tuve una crisis de fe. El hecho es que simplemente colapsé por dentro».

Ese pastor no pasó la prueba del autoliderazgo. Debió haberse reagrupado, reflexionado, reevaluado. Tal vez haber tomado un año sabático o recibido algo de consejería cristiana. Goleman diría que esa persona perdió su autocontrol emocional. Ahora está fuera del juego.

Una situación un poco más cercana que nunca olvidaré fue cuando tres personas sabias vinieron a mí en nombre de la iglesia. Ellos me dijeron: «Bill, hubo dos épocas durante los primeros veinte años de la historia de Willow Creek cuando, como lo reconociste tú mismo, no impusiste tu liderazgo: la primera, a fines de los setenta y, la otra, a principios de los noventa. Los datos demuestran que Willow Creek pagó caro tu torpe liderazgo. A Willow le costó más de lo que nunca sabrás cuando estuviste fuera, sin usar los ocho cilindros».

Luego expresaron unas palabras que nunca olvidaré: «Bill, el mejor regalo que puedes darles a las personas que diriges aquí en Willow es un yo sano, lleno de energía, totalmente entregado y centrado. Y nadie puede hacer eso por ti. Tienes que hacerlo por ti mismo». Mientras me hablaban, el Espíritu Santo me estaba diciendo: «Tienen razón, Bill. Tienen razón».

Consciente de lo que está en juego, periódicamente me hago varias preguntas de autoliderazgo.

¿ES MI LLAMADO SEGURO?

En este aspecto, pertenezco a la vieja escuela. Realmente creo que si llevas el nombre de Jesucristo, tienes un llamado, seas pastor o laico. Todos debemos rendirnos por completo para estar cabalmente a la disposición de Dios. Pregunta: «¿Cuál es mi misión, Dios? ¿Dónde quieres que te sirva? ¿Qué quieres que haga en este gran drama del reino?»

¿Recuerdas lo que dijo Pablo sobre su llamado? «Considero que mi vida carece de valor para mí mismo, con tal de que termine mi carrera y lleve a cabo el servicio que me ha encomendado el Señor Jesús» (Hechos 20:24).

¿Qué sucede cuando recibes un llamado del Dios santo? Tu vida cobra enfoque. La energía se libera. Estás en una misión.

Debo mantener mi llamado seguro. Así que, le pregunto a Dios, a menudo: «¿Sigue siendo tu llamado para mi vida ser el pastor de

Willow Creek y ayudar a las iglesias de todo el mundo?» Y cuando recibo una reafirmación de eso, digo: «¡Entonces, vamos! Olvidémonos de todas las otras distracciones y las tentaciones. ¡Quema los puentes!»

Si eres cristiano, es tu responsabilidad mantener seguro tu llamamiento. Ponlo en la puerta de tu refrigerador. Enmárcalo y ponlo en tu escritorio. Mantenlo en primer lugar en tu mente.

¿ESTÁ CLARA MI VISIÓN?

¿Cómo puedo dirigir a las personas al futuro si la imagen que tengo de el mismo es borrosa? Todos los años tenemos una «Noche de visión» en Willow Creek. ¿Sabes quién comenzó eso? Yo. ¿Adivina para quién lo hago principalmente? Para mí. Cada año, cuando se aproxima la noche de visión, tengo que tener mi visión clara.

Cada líder necesita una noche de visión en su calendario. En esa noche dices: «Aquí está la imagen; esto es lo que estamos haciendo; aquí está el por qué lo estamos haciendo; si las cosas van bien, así es como se verá la imagen dentro de un año».

Nos preparamos muy diligentemente para la noche de visión en Willow Creek. Tenemos innumerables reuniones para discutir el futuro. Pasamos muchas horas orando: «Dios, ¿es esto lo que querías?» Buscamos en las Escrituras. Cuando llega la fecha, la visión vuelve a ser clara. Pero requiere mucho trabajo aclarar la visión y mantenerla clara. Nadie puede hacer ese trabajo por ti. Es el trabajo del líder.

¿ESTÁ MI PASIÓN ENCENDIDA?

Jack Welch, el célebre líder de General Electric, afirma: «Las personas que tienen liderazgo deben poseer tanta energía y pasión que energicen y apasionen a las personas que los rodean».

No podría estar más de acuerdo. Cuando nombro líderes, no busco bombillas de veinticinco vatios. Busco las de cien, porque quiero que iluminen todo y a todos a su alrededor. ¿De quién es la responsabilidad de mantener encendida la pasión de un líder? Del líder. Eso es autoliderazgo.

El año pasado, en una reunión de ancianos, un par de ellos me preguntaron: «Dado lo ocupado que estás, ¿por qué vuelas los viernes por la noche para hablar en alguna pequeña iglesia apartada para ayudarlos a recaudar dinero o dedicar una nueva instalación? ¿Por qué haces eso?»

Mi respuesta: Porque mantiene mi pasión encendida.

El año pasado ayudé a una iglesia en California a dedicar su nuevo edificio. Una persona me llevó a una esquina del auditorio, quitó la alfombra y me mostró todos los nombres —de las personas perdidas— inscritos sobre el concreto en el centro de la iglesia. Luego lo cubrieron con una alfombra. En ese auditorio están orando fervientemente para que los perdidos sean hallados.

Fue un vuelo de cuatro horas de regreso a Chicago. La imagen se agitó en mi mente todo el trayecto. ¡Esa iglesia me encendió! Me encanta ver a hombres y mujeres lanzarse a la aventura del ministerio. Me inspira. Sé que mi pasión tiene que estar al rojo vivo si Willow va a atraparla. No puedo convertirme en una bombilla de veinticinco vatios, ni tú tampoco.

Hacemos muchas conferencias a través de la Asociación Willow Creek. A veces los pastores de las iglesias florecientes me llevan a un lado y me dicen en voz baja: «Tengo que venir aquí una o dos veces al año para mantener mis fuegos encendidos». Parece que les avergonzara estar aquí tan a menudo, como si fuera una señal de debilidad.

Yo les digo: «Si eres líder, tu trabajo es mantener tu pasión encendida. Haz lo que tengas que hacer, lee lo que tengas que leer, ve a donde tengas que ir. Y no te disculpes. Eso es gran parte de tu trabajo».

¿ESTÁ MI CARÁCTER SOMETIDO A CRISTO?

El liderazgo requiere autoridad moral. Los seguidores tienen que ver suficiente integridad en la vida del líder para que se puedan forjar altos niveles de confianza. Cuando se realizan encuestas sobre qué es lo que inspira a un seguidor a compartir su suerte con un líder en particular durante un largo tiempo, casi al principio de cada lista aparece la integridad.

El líder no tiene que ser el más inteligente o el que tenga más carisma. Pero sus compañeros de equipo no seguirán a un líder con incongruencias de carácter por mucho tiempo. Cada vez que comprometes el carácter afectas el liderazgo.

Hace algún tiempo tuvimos un miembro del personal que estaba luchaba con su liderazgo. Cuando me di cuenta de eso empecé a hurgar un poco. Así que pregunté: «¿Qué está pasando aquí?»

Entonces apareció la verdadera imagen. Una persona dijo: «Por un lado, fija reuniones y, luego, ni siquiera se presenta. Rara vez devuelve llamadas telefónicas y, a menudo, no sabemos dónde está».

Hablé con ese chico y le dije: «Tengamos esto bien claro. Si das tu palabra de que vas a estar en un lugar determinado, en un momento dado y no apareces, ese es un problema de carácter. Eso erosiona la confianza en los seguidores. Limpia eso o tendremos que cambiarte». Si algún asunto de carácter se ve comprometido, ello perjudica a todo el equipo y, a fin de cuentas, afecta el logro de la misión.

No quiero ser un líder que desmoralice a las tropas ni tampoco que lesione la causa. Por tanto, a menudo, en mis tiempos a solas con Dios, entono la canción de Rory Noland:

> Espíritu Santo, toma el control.
> Toma mi cuerpo, mi mente y mi alma.
> Pon tu mano en cualquier cosa
> Que no te agrade,
> Todo lo que te aflija.
> Espíritu Santo, toma el control.

El trabajo del líder es crecer en carácter. Nadie puede hacerlo excepto el propio líder.

¿ESTÁ MI ORGULLO SOMETIDO?

La Primera Epístola de San Pedro, 5:5, declara: «Dios se opone a los orgullosos, pero da gracia a los humildes».

¿Sabes a lo que el apóstol Pedro se refiere? Como líder, tengo una opción. ¿Quiero la oposición de Dios a mi liderazgo o deseo su gracia y su favor?

Si eres marinero, sabes lo difícil que es navegar contra el viento. También sabes lo maravilloso y relajante que es hacerlo a favor del viento. Lo que Pedro está diciendo es: «¿De qué manera lo quieres? ¿Quieres navegar a favor o en contra del viento? Si eres humilde, el favor de Dios te transporta. Si eres orgulloso, estás navegando contra el viento. Dios se opone a los orgullosos».

¿Deseas saber cuál es la mejor manera de averiguar si el orgullo está afectando tu liderazgo?

Pregunta.

Pregúntales a tus compañeros de equipo. A las personas de tu pequeño grupo. Pregúntale a tu cónyuge. Pregunta a tus colegas. Pregúntales a tus amigos: «¿Alguna vez observaron un espíritu orgulloso en mi liderazgo o en torno a él?» Si no puedes hacer una pregunta como esa, entonces, probablemente tengas un problema de orgullo.

Es trabajo del líder, con la ayuda del Espíritu Santo, someter el orgullo.

¿TENGO MIS TEMORES CONTROLADOS?

El miedo es una emoción paralizante. A veces les pregunto a los pastores: «¿Por qué no han hecho más cambios en su iglesia cuando saben que está clamando por ellos?»

Les pregunto a los líderes empresariales que dudan lanzar un nuevo producto: «¿Por qué no han tomado una decisión definitiva?»

Les pregunto a los líderes políticos por qué no se han pronunciado sobre un tema en particular, uno sobre el cual sé que tienen fuertes convicciones personales. Muy a menudo la respuesta es: «Porque tengo miedo». El miedo inmoviliza y neutraliza a los líderes. Créeme, no estoy por encima de ello. Recuerdo la mañana del año 2000 cuando me quedó claro que necesitábamos lanzar un programa de construcción de setenta millones de dólares. Nuestra visión para el futuro era clara. Los ancianos, la directiva y el equipo de gestión lo firmaron. El último paso en la ecuación era que yo tuviera las agallas para apretar el gatillo. ¿Y sabes qué se arremolinó en mi mente?

En el momento en que sales al público con una campaña de setenta millones de dólares, no hay vuelta atrás. Es triunfar o fracasar. Me di cuenta de que todo lo que habíamos trabajado en los últimos veinticinco años, toda la credibilidad que nuestra congregación había establecido en nuestra comunidad y alrededor del mundo, estaba en juego. El miedo siguió creciendo en mi corazón. ¿Por qué exponer a Willow a ese tipo de riesgo? Estamos navegando placenteramente. Estamos creciendo y bautizando a mil personas al año. ¿Por qué estamos haciendo esto?

No puedo dejar que el miedo complique mi toma de decisiones como líder.

En cierto punto, solo tuve que decir: «Ya no puedo dejar que el miedo sabotee mi liderazgo». Me recordé a mí mismo ese pequeño versículo, 1 Juan 4:4, que dice: «El que está en ustedes es más poderoso que el que está en el mundo». Me pregunté: ¿Me ha hablado Dios? ¿Ha dado clara su instrucción? ¿Está el liderazgo central con nosotros? ¿Me van a amar si fallo? ¿Iré al cielo si todo esto no sale bien? Luché hasta que al fin encontré el valor para dar un paso adelante con fe. La campaña fue enormemente bendecida por Dios. Nuestra iglesia podría haberse perdido un gran milagro si el miedo hubiera ganado ese día.

¿HAY PROBLEMAS INTERNOS QUE SOCAVAN MI LIDERAZGO?

Todos tenemos heridas, pérdidas y hasta desilusiones en nuestro pasado.

Todas esas cosas nos han ayudado a formarnos o transformarnos en las personas que somos hoy. Me río de los que dicen: «Mi pasado no me ha afectado. Mi familia de origen no me ha afectado».

Los líderes que ignoran su realidad interior a menudo toman decisiones que tienen graves consecuencias para las personas que lideran. La mayoría de las veces, desconocen qué es lo que impulsa sus decisiones imprudentes. Algunos pastores toman decisiones tremendas que esclavizan a todos en sus iglesias a un plan que no es de Dios. Es un plan que surge de su necesidad de ser más grande que, mejor que, más grandioso que.

Otros líderes son incorregibles en eso de agradar a todo el mundo. Todas las semanas quieren hacer una encuesta para ver qué puesto ocupan en las calificaciones de Nielsen.

¿Quién es el responsable de que tus problemas internos se procesen y se resuelvan? Eres tú. Soy yo.

He pasado mucho tiempo en oficinas de consejeros cristianos. Todavía estoy en contacto con dos consejeros cristianos. Y cada vez que pienso: Hombre, hay cosas que salen de mí que no tienen nada que ver con el Espíritu Santo, y no lo entiendo, llamo a esos consejeros. Les digo: «No entiendo por qué dije lo que dije, por qué hice lo que hice. Sé que es una tontería. ¿Me ayudan?» ¡Los líderes eficaces deben manejar sus «tonterías»!

¿ESTÁN MIS OÍDOS SENSIBLES AL SUSURRO DEL ESPÍRITU?

Estimo que del setenta y cinco al ochenta por ciento de las ideas innovadoras en mi liderazgo a lo largo de los años han venido de las impresiones del Espíritu Santo, no de las fuertes maquinaciones de mi mente. Algunas de las grandes series de sermones o ajustes de visión, aclaración de valores o cambios de estrategia, algunas de las mejores selecciones de personas, no se han debido a mi astucia. Ha sido el Espíritu Santo susurrando a mi espíritu.

Los líderes no pueden darse el lujo de hacerse sordos al cielo. La capacitación, el proceso y la estrategia son buenos. Desarrollar tu mente es esencial. Pero a fin de cuentas, caminamos por fe, no por vista. Hay una dimensión sobrenatural para el liderazgo, y se abre camino manteniendo el oído abierto al cielo.

Casi siempre me pregunto: ¿Puedo seguir escuchando la voz de Dios? ¿Es lo suficientemente bajo el ruido de mi vida como para que aún pueda escuchar la voz de Dios cuando habla? Y, ¿todavía tengo las agallas de obedecerlo aunque no entiendo todo el tiempo lo que me dice?

¿ES MI PASO SOSTENIBLE?

Estuve cerca de una absoluta crisis emocional a principios de la década de 1990. Baste decir que no entendía el autoliderazgo. No entendía el principio de sostenibilidad. Mis emociones eran un lío. Abusé de mis dones espirituales. Dañé mi cuerpo. Descuidé a mi familia y a mis amigos. Y estuve a punto de convertirme en estadística.

Recuerdo que estaba sentado en un restaurante y escribí: «El ritmo con el que he estado haciendo el trabajo de Dios está destruyendo el trabajo de Dios en mí». Entonces puse mi cabeza sobre mi cuaderno de espiral en ese restaurante y sollocé.

No obstante me pregunté a mí mismo: Bill, ¿quién tiene puesta una pistola en tu cabeza? ¿Quién te obliga a morder más de lo que puedes masticar? ¿Quién te está intimidando para que te comprometas tanto? ¿De quién, aparte de Dios, buscas la aprobación, la afirmación y el aplauso que te hace vivir de esta manera? Las respuestas fueron peor que aleccionadoras. Fueron devastadoras.

Los ancianos, ante quienes soy responsable, no causaron el problema que tenía con mi ritmo de trabajo. Tampoco la directiva, ni el personal, ni la familia ni los amigos. Todo el problema fue creado por mí. No tenía a nadie más a quien culpar. Es un sentimiento terriblemente solitario, no tener a nadie más a quien culpar.

Así que me senté solo en ese restaurante económico en South Haven, enojadísimo porque no podía culpar a nadie por el imperio de mi agotamiento y mi entumecimiento emocional. Para encontrar al chico malo de la película, tuve que mirarme en un espejo.

Además, para complicar aún más las cosas, la única persona que puede armar un programa de sostenibilidad para tu futuro eres tú. Durante quince años, viví comprometido y fuera de control, y en el fondo seguía diciendo: ¿Por qué los ancianos no me rescatan? ¿Por qué mis amigos no me rescatan? ¿Será que alguien ve que me estoy muriendo?

Sin embargo, ese no es trabajo de nadie más. Es mi trabajo. Por favor, si aún no lo has hecho, comprométete a desarrollar un enfoque de liderazgo que te permita resistir a largo plazo.

¿SE ESTÁN DESARROLLANDO MIS DONES?

Examen sorpresa: ¿Cuáles son tus tres mejores dones espirituales? Si no puede articularlos tan rápido como puedes dar tu nombre, dirección y número de teléfono, me siento tentado a decirte: «¡Necesitas que sacudan tu jaula!» Antes de que me escribas una nota diciéndome que te he hecho sentir mal, necesito que sepas que en este tema, tengo un Trastorno de Déficit de Simpatía. Tal vez necesito medicamentos o algo. Pero en serio, los líderes deben dominar su perfil de dones espirituales. Deben saber qué dones les han sido otorgado y en qué orden clasificarlos.

Además, la Biblia hace que cada líder sea responsable ante Dios por desarrollar cada uno de esos dones a lo más alto de su potencial espiritual.

Hay algo que me mantiene con la cabeza firme y es tener que preguntarme periódicamente lo siguiente: Bill, sabes que Dios solo te dio tres dones. Algunas personas tienen cinco, seis o siete. A ti se te han dado tres: liderazgo, evangelismo y enseñanza. ¿Los estás cultivando? ¿Estás desarrollando esos dones? ¿Estás leyendo todo lo que puedes? ¿Te estás moviendo alrededor de personas que son mejores que tú en esas áreas? ¿Estás desarrollando los tres dones que Dios te ha dado? Porque esos son los me dieron, son los únicos de los que voy a rendir cuentas ante Dios algún día. Estoy aprendiendo que no puedo aflojar cuando de desarrollar los dones espirituales se trata.

¿ESTÁ AUMENTANDO MI AMOR POR DIOS Y SE ESTÁ PROFUNDIZANDO MI CAPACIDAD PARA AMAR?

¿Te has recordado hace poco de quién es el trabajo de hacer crecer tu amor por Dios? ¿Es trabajo de la iglesia? ¿Es trabajo de tu pequeño grupo? No. Es tu trabajo asegurarte de que tu amor por Dios esté aumentando. Nadie puede hacerlo por ti. Tienes que desarrollar las prácticas espirituales que te mantienen creciendo a semejanza de Cristo.

Asimismo, ¿se está profundizando tu capacidad para amar a las personas? Si lo piensas, te das cuenta de que Dios tiene solo un tipo de tesoro: la gente.

Cuando nuestros hijos eran pequeños y Lynne y yo necesitábamos tiempo para compartir como pareja, conseguíamos una niñera. Yo les daba a esas niñeras mi pequeña charla. Cuando íbamos saliendo, les decía: «Debes saber algo. Solo tenemos dos tesoros en esta vida, solo dos. No me importa si arruinas nuestro coche o si la casa se quema mientras no estamos. En serio. Solo prométeme. Prométeme que cuidarás muy bien a nuestros hijos. Son todo lo que realmente nos importa en este mundo». Dios les dice a los líderes: «Simplemente, prométeme. Dame tu palabra. Cuida mis tesoros. Crece en el liderazgo para que te conviertas en el mejor que puedas, de modo que cuides mis tesoros. Ámalos. Nútrelos. Desarróllalos. Desafíalos. Madúralos. Son todo lo que realmente me importa en este mundo».

Este sería un buen momento para que le digas a Dios: «Lo haré».

3

EVITA LA CONTAMINACIÓN CULTURAL

La necesidad de pureza en un mundo condescendiente

MARK BUCHANAN

Jonás es mi profeta preferido y por ninguna razón mejor que por nuestro asombroso parecido. Soy calvo y me lo imagino calvo, ¿por qué, si no, su conflicto emocional sobre cómo la sombra o el sol le quemaban la cabeza? Soy bajo y me lo imagino pequeño: un tipo rechoncho y nervioso, malhumorado como una bomba de clavos. Le encantaba la comodidad y le molestaba que lo interrumpieran; en lo cual se parece mucho a mí. Era posesivo, evasivo, defensivo, obsesivo. Cosas que no me son extrañas.

En verdad, Jonás es mi profeta menos preferido y exactamente por la misma razón. Me recuerda mucho a mí. Anhelo ser como Daniel en sabiduría; como Isaías en justicia; Ezequiel en fidelidad. Quiero el coraje de Elías, la resistencia de Jeremías, la larga visión de Zacarías. Sueño con dejar a un lado a los reyes y los caballos que corren, ordenar la sequía y el diluvio con una palabra, dominar el dolor como a los rayos y bendecir como el maná.

Pero estoy plagado de características como las de Jonás.

Y aquí hay una preocupación más profunda: también lo está la iglesia. No solo mi iglesia, sino la iglesia, especialmente la de América del Norte. Somos evasivos con Dios, resentimos de los de afuera, presumidos con nuestra propia bondad. Molestos, combativos, amantes de la comodidad y alimentamos un rencor enorme contra cualquier persona o cosa que lo amenace.

Igual que Jonás.

Esa es la mitad de la historia, de todos modos.

La otra mitad es que la iglesia es Ester, antes que despertara: asumiendo un estado privilegiado y dispuesta a encubrir su verdadera identidad por el bien de ella, temerosa de enfrentar su cultura. Queremos ser como todos los demás, solo que un poco más. Somos un pueblo aterrorizado por ser peculiares. Haremos casi cualquier cosa para ganar los afectos de un rey pagano.

Jonás solo quiere que lo dejen en paz y felizmente dejaría que todos los demás se vayan al infierno. Ester solo quiere encajar donde está, por lo que abandona espontáneamente su carácter propio para lograrlo. Entre estos dos impulsos, el reino siempre va mendigando.

Jonás e, implícitamente, su comunidad, están amenazados por el exilio asirio. Jonás es llamado como misionero a los mismos que los amenazan. Ester y, explícitamente, su comunidad, están en las garras del exilio persa. Ester es llamada a adoptar una posición contraria a las mismas personas en cuya tierra viven ella y su pueblo, pero que ahora amenazan con destruirlas.

Ambas historias son sobre el pueblo de Dios, que vive en medio de la cultura pagana, cultura que es penetrante, seductora, potencialmente coercitiva y, a menudo, profundamente opuesta a lo que Dios piensa. Ambas tratan de las formas en que el pueblo de Dios trata de negociar su lugar hacia o dentro de esa cultura. Por tanto, ambas nos ayudan a pensar sobre cuestiones espirituales y éticas en un momento como ese.

¿CÓMO, ENTONCES, DEBEMOS VIVIR?

Jonás elige el camino de la condena. Odia la cultura que amenaza a la suya. Su actitud es dejarnos solos y que nos las arreglemos. Él se enorgullece de su distinción. «Soy hebreo y temo al Señor, Dios del cielo, que hizo el mar y la tierra firme», le dice engreído a los marineros cuya nave ha abordado, a pesar de que está utilizando a esos hombres para escapar de su Dios (Jonás 1:9). Pero él no está en absoluto inclinado a invitar a otros a compartirlo.

De modo que cuando Dios llama a Jonás para que enfrente al pueblo de Nínive, capital de Asiria, por su maldad, simplemente huye. No quiere involucrarse. Cuando Dios lo obliga, Jonás va renuente y proclama la perdición de Nínive, y luego espera para contemplar y saborear la destrucción. Como los ninivitas se arrepienten y Dios muestra misericordia, Jonás se enfurece. Eso es lo que sospechó por mucho tiempo que Dios haría, por lo que se vuelve hosco y autocompasivo al respecto.

La actitud de Jonás hacia la cultura pagana es un viejo recurso que usa la iglesia. Evita a los extraños y, cuando no puede, protesta contra ellos. Lamenta el penoso estado de las cosas. Invoca el juicio de Dios. Imagina, con placer, el castigo que debe caer sobre los desobedientes. Mientras tanto, se acomoda lo más que pueda. ¿Y si el juicio divino amenazado no se materializa? Se disgusta y se deprime.

Es difícil no pensar aquí en la reacción de algunas iglesias conservadoras ante la comunidad homosexual. Vivo en Canadá, donde hace poco el gobierno, contra los deseos de la mayoría de los canadienses, promovió una legislación que legalizó el matrimonio entre personas del mismo sexo. Unos meses antes de eso, asistí a una reunión de oración de toda la ciudad donde ese tema estaba a la vanguardia. Las emociones eran fuertes. Esperaba eso, pero lo que me sorprendió fue el tono de la reunión. Tenía un estilo parecido al de Jonás: fanático, indulgente, santurrón. La gente se enardeció rápidamente y surgieron temas como la venganza divina. Lo evocaron en imágenes vívidas.

El problema es tanto espiritual como táctico. En lo espiritual, debemos tener cuidado con lo que comemos. La sed de sangre causa acidez estomacal, severa. Pero en lo táctico, esta no es una manera de comenzar una revolución en el reino. La iglesia, en este tema, debería suplicarle a Dios que nos ayude a ser como la comunidad de Marcos 2: cuando las personas descubren que Jesús está en una casa, están dispuestas a romper el techo si es necesario para meterse ellos y a sus amigos enfermos.

He hablado con personas homosexuales sobre cómo ven a los cristianos. Por lo general nos ven como, bueno, ya sabes la jerga: intolerantes, enojadizos, estrechos, odiosos, temerosos; toda una caricatura, lo sé. Solo que todo lo sucedido en la reunión de oración ya mencionada lo confirmó.

¿Qué pasa si el mayor deseo de Dios es invitar a las personas, a todas las personas, a acogerse a su amplia misericordia? De alguna manera, los ninivitas pudieron responder a Dios a pesar del rencor y la beligerancia de Jonás. Después de todo, el juicio es real, no se debe jugar con eso. La ira de Dios se revela contra toda impiedad e iniquidad.

Solo Jonás no sabe nada más que de juicio. Él es un Johnny, una nota. En el reino de Dios, el juicio se entrelaza con la invitación, y generalmente se pronuncia con profundo dolor («Oh, Jerusalén, Jerusalén...»). Es la bondad de Dios lo que conduce al arrepentimiento. Esa bondad debe ser visible en la iglesia. La consumación del papel misionero de la iglesia será ese día cuando diez personas de cada tribu y lengua —incluida Nínive— se aferren al dobladillo de la túnica de un creyente y digan: «Déjanos ir contigo, porque hemos oído que Dios está contigo» (Zacarías 8:23). Pero a Jonás no le interesa. Él no quiere el arrepentimiento de su enemigo. Él no los quiere en la iglesia, entonando las canciones de Sion. Ciertamente no quiere que vengan a su iglesia y traigan su música extraña con ellos. Él quiere que ellos paguen, que sufran. Quiere juicio, no misericordia.

El dogmatismo moral de Jonás, pienso, oculta su ambivalencia teológica. Eso es lo que casi siempre hace el dogmatismo. Jonás es cauteloso y rencoroso, no solo con los ninivitas, sino con Dios. Se jacta de su conocimiento de Dios, pero es cauteloso en su relación con Él. Piensa que Dios es muy duro y muy suave, a la vez; duro con sus elegidos y suave con el enemigo. Dios, en su opinión, carece de un sentido apropiado de favoritismo.

Me pregunto si este no es el motivo oculto de las iglesias que adoptan el estilo de Jonás. Tal vez sea la postura enojadiza y acusatoria, principalmente, una máscara para nuestras propias dudas sobre Dios.

«El fanatismo es una retribución excesiva por la duda», dijo el fallecido novelista canadiense. Podemos remontar esta trayectoria teológica a los fariseos. Desaprobaban todo lo que no iniciaban. Pero Jesús identificó su problema como una relación rota con Dios. Ellos compensaron en exceso sus dudas.

¿CONDENA O ASIMILACIÓN?

Jonás quiere condenar la cultura. Le encantaría verla destruida. La idea de que podría ser reclamada, redimida, invitada a compartir la bondad de Dios, es un pensamiento anatema para él. Después de todo, difícilmente puede invitar a alguien, amigo o enemigo, a probar y ver que el Señor es bueno cuando él mismo no lo ha probado.

Eso es solo la mitad de nuestro problema. La otra mitad es Ester, antes de su momento de cálculo. Cuando se trata de la cultura pagana, Ester se mueve en la dirección opuesta.

Jonás la evita, la caricaturiza, la condena. Ester la acepta, la abraza, la ensalza.

Muchos intérpretes tempranos y comentaristas de la Biblia vieron a Ester (o a la comunidad judía representada en ese libro) como tipo de la iglesia condescendiente y semipagana. Los intérpretes modernos a menudo rechazan las lecturas tipológicas de las Escrituras (con buena razón) pero, como uno que se adapta a una cultura hostil, su ejemplo puede ser instructivo.

Ella se adapta a los parámetros establecidos por la cultura: se viste como una reina popular, actúa acorde con la cultura a fin de parecerse a los demás, solo que mejor.

Y aquí, es difícil no pensar en muchas iglesias actuales. En la reciente controversia sobre el matrimonio entre personas del mismo sexo en Canadá, denominaciones enteras se han alineado con el espíritu de la época. Quieren ser bien consideradas a la vista del rey pagano. La Iglesia Anglicana en Canadá, incluso está condenando al ostracismo a las iglesias disidentes y expulsando a sus ministros. La idea de que la iglesia no debe hacer otra cosa que apoyar el pensamiento actual de la cultura sobre asuntos sexuales es, de acuerdo a estos líderes denominacionales, un retroceso a la edad medieval. Estamos en un nuevo milenio, es el grito de guerra. Debemos adaptarnos a los tiempos.

Si los antecesores teológicos de Jonás eran fariseos, los de Ester eran saduceos. Ellos valoraban la conveniencia por encima de la fidelidad (o, más al punto, equiparaban ambas cosas). El peor pecado fue desquiciarse con los valores dominantes de la cultura. Su objetivo más importante era reducir el tiempo de retraso entre las últimas tendencias y su bendición.

Por supuesto, Ester al fin despierta. Se dio cuenta, en el último momento, de que la cultura cuya aceptación anhelaba le tendía una emboscada a ella y a su pueblo. Por tanto, con astucia y arrojo, encontró una nueva forma de vivir en el exilio.

Sin embargo, antes de que eso sucediera, Ester se sumergió en la cultura pagana. La idea de que ella debía enfrentarla o rechazar sus bondades era impensable. Ella también quería que la dejaran en paz, no por la cultura, sino por la sensación de que su lealtad principal era a otra cosa.

Jonás y Ester definen dos de las reacciones de la iglesia a los valores de hoy.

Esquivar y denunciar.

Acoger y encomiar.

En mi propia iglesia, veo ambas actitudes. Hace poco, amonesté a la congregación desde el púlpito, en cuanto a que el lugar de partida para que los cristianos defiendan la «santidad del matrimonio» no son los tribunales sino nuestros propios hogares.

Cité estadísticas sobre las tasas de divorcio entre los cristianos evangélicos que nos pusieron prácticamente en un callejón sin salida con la sociedad en general. Hablé sobre la alta incidencia de abuso conyugal dentro de las iglesias conservadoras. Hablé sobre el distanciamiento generalizado que prevalece entre muchas parejas que van a la iglesia. Mencioné la plaga oculta de la pornografía en Internet, que aniquila la intimidad entre maridos y esposas.

Algunas personas salieron trémulas: Deje de entrometerse en eso, me dijeron. Así que empiece a condenar lo que está pasando allí.

Jonás.

Por otro lado, las estadísticas sobre sexo prematrimonial entre evangélicos apenas nos distinguen del resto de las personas sobre la faz de la tierra. Y, sin embargo, cada vez que abordo esto, algunos me arrinconan y me dicen: En efecto, ¿y cuál es el problema? ¿No hay acaso asuntos más importantes? ¿Por qué preocuparse por eso cuando tenemos una crisis de calentamiento global, cuando las selvas amazónicas están desapareciendo, cuando el cachalote se enfrenta a la extinción? Recientemente, los padres cristianos de una niña de nuestra congregación trataron de convencerla de que tomara píldoras anticonceptivas. Ella los sentó y les dijo, en términos muy claros, que no tenía intención de tener relaciones sexuales hasta que se casara. Le dijeron que eso no era real, y que ella debía continuar con su vida.

Ester.

¿MORALIDAD O PUREZA?

¿Cuál es la alternativa? Creo que Daniel es nuestra mejor guía para un momento como este. Él se encuentra entre los extremos de Ester y Jonás. Él, como Ester, vivió en un tiempo de exilio:

primero, babilónico; luego persa. Vivía entre personas en su mayoría indiferentes a sus propias convicciones pero que, cuando se dejaban llevar por ellas, eran amenazantemente hostiles. Daniel tenía que arreglar su posición en esa cultura: ¿a qué podría él, sin violar la conciencia, decir «sí» y a qué «no»? ¿A qué debía responder, independientemente del riesgo que corriera?

Daniel no tenía los modales rudos y arrogantes de Jonás ni la actitud tímida y condescendiente de Ester. Tenía una claridad sencilla y una integridad silenciosa. Algunas cosas sobre la cultura pagana —como su sistema educativo, su estructura política, su hábito de ponerles nombres a las personas como los de sus dioses—, no son gran problema. Ir a sus escuelas. Trabajar en su gobierno. Tener el nombre de uno de sus dioses.

Sin embargo, había algo que era especialmente prohibido: la comida del rey. De eso Daniel no participó. La comida no era mala en sí misma. Pero había sido dedicada a las deidades paganas. Participar era someterse. Comer era adorar. Así que era mejor subsistir con una dieta de verduras crudas que comer las ricas carnes y las salsas más apetitosas del rey, sus vinos y sus manjares.

No obstante Daniel y sus compañeros no solo subsistían con vegetales, sino que prosperaron. Terminaron estando más saludables y con los ojos más luminosos que todos los otros jóvenes entrenados con ellos.

Podemos vivir bajo la enseñanza de nuestra cultura y mejorar nuestras propias convicciones. Podemos participar en el gobierno de nuestra cultura y dar gloria a Dios con nuestra diligencia e integridad. Podemos tener nombres según las deidades de nuestra cultura (por ejemplo: Ares, el dios de la guerra) y no afectar negativamente nuestra fe.

Lo que no podemos hacer es consumir la comida del rey.

Sin embargo, ¿qué es la comida del rey hoy? ¿Cuál es ese elemento dentro de nuestra cultura que, si el pueblo de Dios participa de él, nos ha de arruinar?

Creo que es la ética sexual de nuestra cultura.

Lo que le falta a esta cultura es pureza. La iglesia, especialmente la tipo Jonás, no ha ayudado mucho en esto, porque siempre queremos imponer la moral. La pureza es a la moralidad lo que la intimidad es al conocimiento, lo que el amor es a la tolerancia, lo que es la unidad a la igualdad. La pureza no es solo algo superior: es una categoría en sí misma.

Creo que debemos dejar de predicar moralidad y comenzar a predicar la pureza. Después de todo, nadie quiere beber simplemente agua purificada, agua clorada, agua con una gota de yodo.

Lo que despierta y luego satisface la sed es el agua pura.

Daniel abraza el camino de la pureza. Él no iba a manchar su cuerpo con lo que era dedicado a otro dios. Y si alguna lección clara tiene su historia, es esta: esa es la única forma verdadera de ganarse el corazón de un rey pagano. Dondequiera que Daniel iba, el rey terminaba por reconocer que solo Dios es Dios.

En nuestra iglesia, instamos a los jóvenes a que aborden el camino de la pureza, no el de la moralidad. Los llamamos a ser iguales a Daniel. Por ello, lejos de languidecer, prosperan.

No hace mucho tiempo, fui invitado por una iglesia estilo Ester a dictar un seminario de un día sobre adoración. Me sorprendió la invitación; no me gustan mucho. El pastor que me invitó me informó que la mayoría de sus colegas desconfiaban de mí, algunos francamente eran hostiles. Se refirió a un compañero pastor que lo llamó por teléfono para acusarme. Denunció a los evangélicos como una casta. «¿Qué tiene este hombre en común con nosotros?», le demandó.

«¿Por qué no vienes y lo ves?», le respondió el pastor anfitrión.

Así que llegué a la iglesia con un equipo de líderes de alabanza y danzarines; chicas y chicos adolescentes o casi veinteañeros. Solo unas pocas personas se habían inscrito en la actividad. Incluso en el pequeño santuario de la iglesia, parecían levemente dispersos. El pastor que me denunció estaba allí. Mientras observaba el escenario miré al hombre que me odiaba. Aunque nunca lo había conocido, supe que era él desde el momento en que entró.

Ingresó al lugar como si estuviera cazando alimañas. Se sentó, con los brazos cruzados sobre el pecho. Cuando comenzamos a cantar y le pedimos a la gente que se pusiera de pie, él permaneció sentado. Escudriñó las palabras que estaban sobre nosotros.

Después del almuerzo, dirigimos los seminarios. Los danzarines enseñaron coreografía básica. Los músicos impartieron lecciones sobre escritura básica de canciones. Y yo enseñé un curso básico acerca de la teología de la adoración. El hombre acudió al curso que yo dictaba. Se sentó a mi lado, listo para pelear.

Diez minutos después, estalló. Una mujer comentó sobre el modo en que la principal iglesia tradicional había sido indulgente con el evangelio y el hombre comenzó a refutarla. Nombró una retahíla de crímenes evangélicos contra la humanidad. La discusión se intensificó, al punto que el pastor anfitrión no tuvo otra alternativa que intervenir.

«Bien», dijo, con buenos modales, «creo que la tradición principal es quizás algo limitada en su eclesiología y ampliamente tolerante en su teología. Aun cuando la tradición evangélica es rígidamente estrecha en su teología y algo floja en su eclesiología».

Siguió un breve momento de silencio. Ahí fue cuando aproveché la oportunidad. «¿Quiénes son pastores aquí?», pregunté. Algunos levantaron la mano, incluido el hombre enojado.

«Déjenme preguntarles lo siguiente», dije. «Los jóvenes que traje hoy a este recinto, ¿les agradan?»

Todos respondieron afirmativamente, incluido el hombre enojado.

«¿Hay tantos jóvenes así en sus iglesias, que son tan apasionados, que están enamorados de Dios, consagrados a la iglesia y a su misión?»

No, dijeron todos.

«¿Quieren jóvenes como estos en sus congregaciones?» Sí, respondieron todos a una voz.

«Con todo el respeto», les dije. «Creo que no los tienen debido, exactamente, a su teología ampliamente tolerante. Esa teología ayudó a abortar a un tercio de sus compañeros. Con todo respeto, ayudó a crear una ética sexual que le robó a esta generación la intimidad y la esperanza. Además, ha expulsado de la iglesia a la mayoría de esos chicos.

«¿Mi opinión? Si realmente se toman en serio el hecho de ver a esta clase de jóvenes en sus congregaciones, no solo para sentarse a calentar las bancas sino también para liderar, podrían considerar ser menos tolerantes».

Continué hablando acerca de que no enseñamos a nuestros jóvenes a ser morales, solamente. Les enseñamos a ser puros. Por eso los instamos a que sean danieles.

«Pueden verlo por ustedes mismos», dije, «cómo hace eso que ustedes se diferencien de los demás».

Observé al hombre que me odiaba. Estaba herido. Pensé que me odiaba aún más. Supuse que se iría pero, para mi sorpresa, volvió a la última sesión.

Para mi deleite, se puso de pie cuando cantamos. Para mi asombro, abrió sus brazos y los sostuvo como si estuviera recogiendo agua de una lluvia.

Cantó con gusto. «Grande es tu fidelidad», declaró.

Pienso que lo dijo en serio.

Daniel tiende a tener ese efecto en las personas.

4

LA CAÍDA

No esperes que un accidente te haga reconsiderar cómo enfocas tu vida

COMO SE LO CONTÓ NATHAN CONRAD A MATT WOODLEY

Parecía otro día perfecto para escalar el hielo: soleado, veinticinco grados, con una ligera nevada y una brisa tranquila. El lunes, nuestro grupo de cuatro alpinistas ya había escalado unos acantilados más pequeños. Después de un año sin ejercitarnos, necesitábamos comenzar con las rutas más fáciles y familiares. Ahora, el martes 8 de febrero de 2011, al examinar más de una docena de escaladas en el área, decidimos probar algo más desafiante, como «Drácula», una ruta muy conocida que forma parte de los acantilados de Frankenstein en Crawford Notch, New Hampshire.

A pesar de que Drácula tiene el rango de uno y medio a dos grados más allá de cualquier ascenso que yo haya dirigido, estaba emocionado por ampliar mis habilidades. Siempre he disfrutado escalar en hielo. Disfruto el desafío personal y las exigencias físicas del deporte, pero también aprecio el trabajo en equipo y la camaradería. Así que el martes, cuando fui con otros tres alpinistas experimentados a la base de Drácula, me sentí listo para liderar. Otro amigo escalaría como «segundo», un miembro del equipo que sigue al líder y limpia las piezas del equipo que quedan en el hielo.

Muchas personas suponen que escalar es arriesgado e imprudente. El veterano escalador Jon Krakauer reconoce que el deporte está «envuelto en historias de audacia y peligro», y a veces por una buena razón. Pero los escaladores también saben que pueden minimizar drásticamente los riesgos trabajando antes de escalar y usando técnicas de seguridad mientras ascienden. Cuando comencé a escalar Drácula, me sentí cómodo tanto con mi acondicionamiento como con mis habilidades para realizar el ascenso.

Sin embargo, a unos dos tercios de la pared de treinta y un metros de altura, la escalada comenzó a deshacerse. En ese punto, ya había colocado dos piezas de protección en el hielo (tornillos). Los «tornillos de hielo» sirven como anclajes de seguridad que atrapan al escalador si se cae. Consideré colocar un tercer tornillo de hielo, pero decidí empujarme algo y ascender un poco más. En algún lugar durante ese empuje, la fatiga me atrapó. A unos diez metros sobre mi último tornillo, pude sentir que mis músculos comenzaban a fallar. De repente, me di cuenta de que no iba a poder terminar la escalada ni incluso tener fuerza para poner otro tornillo de seguridad.

Mis brazos y mis piernas comenzaron a temblar. El miedo me invadió cuando pensé: ¡Voy a caerme!

En la desesperación, hundí mis piquetas lo más profundo que pude, pateé con mis botas al hielo y llamé para que me rescataran a uno de mis compañeros. Este agarró un mosquetón (un bucle de metal) y me lo arrojó. Ahora solo necesitaba engancharme a la cuerda para evitar la caída.

No obstante, mi cuerpo no cooperaría. En mi primer intento, no tomé suficiente cuerda de la que tenía para cortar la línea de rescate. Cuando probé el movimiento otra vez, de repente todo cedió. Mis estribos estallaron, las piquetas se desprendieron y sentí que me hundía. Caí veinte metros al fondo, chocando contra una plataforma de hielo en ángulo y rebotando lejos del hielo. Entonces la soga se tensó y me hizo girar hacia el acantilado.

Lo sorprendente es que estaba consciente de modo que, como quedé colgando de mi soga, mi temor inicial era que pudiera caer más todavía. Con desesperación traté de agarrar mis piquetas (que normalmente están atadas a mis muñecas) para poder impedir otra caída. Sabía que mi cuerpo estaba herido, pero no sabía cuánto con exactitud. No sentí mucho dolor, excepto por la impresión de que había caído bastante lejos. Perdí el equilibrio antes, pero nunca había experimentado una caída. Seguí pensando: *No puedo creer que me haya caído. No puedo creer que me haya pasado eso.*

Después de la caída, uno de mis amigos que ascendían me dijo: «Eso fue lo más espantoso que he visto en mi vida». Pero inmediatamente después de la caída, mis amigos se pusieron en acción. Uno de ellos me dijo tierna, pero firmemente: «Nate, ya te tenemos. Estás seguro. No vamos a defraudarte ahora». Cuando escuché esas palabras, finalmente dejé de luchar y dejé que se encargaran de mí.

Cuando me bajaron a la base de Drácula, por la gracia de Dios, dos extraños estaban allí, y uno de ellos se identificó como médico de emergencias. Me examinó y me dijo: «Va a estar bien, pero tenemos que llevarlo a un hospital». Pero el vehículo más cercano estaba a casi tres kilómetros de distancia.

Así que después que el médico me examinó, nos deslizamos por la nieve cuidadosamente y, con mis amigos escaladores al lado, caminé penosamente —y poco a poco— los casi tres kilómetros que nos separaban de la camioneta. Mientras nos dirigíamos al hospital más cercano, mis temores aumentaron. Me salía sangre por una herida en la frente y también me sangraba la nariz. Empecé a perder la visión en un ojo.

Sin embargo, logramos llegar al hospital y, después de tres días de tratamiento y observación, los médicos me dieron de alta. En general, las mías fueron lesiones levemente menores: una fractura de peroné, una fractura de meñique, junto con cráneo y fracturas orbitales detrás de mi ojo.

«EFECTOS SECUNDARIOS» DE LA CAÍDA

El daño físico que sufrí, sin embargo, no fue la peor parte de la caída. Requiere mucho más tiempo recuperarse del impacto espiritual, relacional y emocional con lo que sucedió en los próximos meses.

Uno de mis compañeros escaladores grabó las tres últimas excursiones. Así que esta, con todos mis errores escalando, también la grabó en video. Tras el accidente, mi amigo le hizo unas entrevistas al médico de emergencias e hizo una guía para escalar, lo que convirtió en un video de catorce minutos, que luego decidió difundirlo a través de la red social Vimeo (un sitio aficionado para videógrafos).[6]

Ninguno de nosotros se imaginó la atención que obtendría el video. En todo el país, otros escaladores vieron, compartieron, diseccionaron e incluso ridiculizaron mis errores al escalar. Rápidamente me convertí en el protagonista de cómo no escalar en hielo.

Will Gadd, principal autoridad estadounidense en escalada en hielo, vio el video y lo publicó en su blog, ofreciendo una crítica útil pero muy sincera acerca de mi ascenso. En una serie de dos publicaciones extensas (una de ellas titulada «Cómo no fallar»), Gadd le dijo a la comunidad de montañistas que yo no tenía absolutamente nada que enseñar en el hielo. Dijo que mi trabajo con los pies era «terrible» y que se sorprendió que no hubiera caído antes. Gadd concluyó su primer mensaje diciéndoles a su audiencia que yo debía decirme a mí mismo: «Fue una tremenda suerte que no arruinara por completo el resto de mi vida. Necesito repensar mi enfoque en cuanto a escalar en hielo».

Esas palabras rasgaron profundamente mi alma, sobre todo porque me considero un ávido escalador. Pero sabía que Gadd tenía razón, de hecho, tenía mucho más razón de lo que yo creía. Después de su publicación en el blog, le envié un correo electrónico. «No es solo en cuanto a escalar», confesé, «se trata de todo el enfoque de mi vida». En otras palabras, esa experiencia parecía resumir el quebrantamiento en mi propia alma, mi apego a los ídolos que me afectaban como el control, la aprobación y los hábitos no saludables arraigados a mi enfoque de la vida, las relaciones y el ministerio.

Estoy descubriendo que los errores, los patrones e incluso los «pecados» de mi técnica al escalar eran igualmente evidentes en el enfoque de todo lo que hago. No tengo todas las respuestas en este aspecto, pero ese accidente me ha obligado a cuestionarme profundamente sobre las relaciones y mi andar con Cristo.

¿RECONOZCO MIS LÍMITES?

Cuando el video hizo su ronda en la comunidad montañista, muchos escaladores señalaron lo obvio: este tipo estaba de cabeza. Por alguna razón, no pude autoevaluar mi situación. Mi instinto puede haberme dicho que escalar el Drácula excedía mis capacidades, pero emocionado por hacer algo nuevo y desafiante, desdeñé la advertencia.

Los escaladores llaman a eso «entrar en una bomba», una descarga de adrenalina masiva que te nubla el juicio a medida que avanzas por la ruta. Cuando el escalador está «súper bombeado», la adrenalina triunfa sobre todo lo demás: la fatiga, la seguridad e incluso el sentido común. Por tanto, cuando la adrenalina inundó mi cerebro con una sensación de invencibilidad, mis músculos comenzaron a contraerse.

En ese momento, debería haber optado por: (1) detenerme, colocar un tornillo de hielo y descansar; o (2) despegar y decir que eso era una escalada parcial. Pero al contrario, exaltado por la adrenalina, seguí escalando la traicionera muralla congelada de Drácula.

En el proceso, seguí racionalizando mi posición: *Me siento bien; reposaré en el próximo descanso; tengo suficiente fuerza para terminar esta subida; no puedo parar aquí (o no del todo) porque necesito seguir moviéndome.* La verdad debió haber sido obvia: estaba escalando por encima de lo que era seguro para mí, en condiciones débiles e ignorando el descanso y las medidas de seguridad. Eso se debe a que los escaladores más experimentados saben que no puedes escalar súper bombeado; las consecuencias del agotamiento extremo son demasiado grandes.

Desde que sufrí ese accidente, empecé a evaluar la forma en que mis patrones en el deporte se repiten en el resto de mi vida. En muchas maneras, he vivido toda mi existencia —incluido mi enfoque en el ministerio—, ligeramente ignorando o rebelándome deliberadamente contra los límites establecidos por Dios. Como resultado, tengo una estrategia sencilla para lidiar con la fatiga y el dolor del ministerio: aguanta y sigue. Y si el trabajo se vuelve más difícil, simplemente agacho la cabeza y trabajo aún más duro.

Por dicha, ahora estoy aprendiendo que hay un enfoque más saludable para la vida y el ministerio. En su libro *Una iglesia emocionalmente sana*, el pastor Peter Scazzero sostiene que «acoger los límites establecidos por Dios es la esencia de nuestro llamado... como líderes espirituales», y eso es especialmente cierto en nuestra frenética y muy ocupada cultura eclesiástica. «Cuando no respetamos los límites de Dios en nuestras vidas», escribe Scazzero, «a menudo nuestra carga es excesiva, estresante y agobiadora».[7]

Ese accidente me ha ayudado a desentrañar las profundas raíces que yacen bajo esa tendencia. Por ejemplo, a veces los límites me molestan porque me obligan a buscar los ídolos del éxito y la aprobación. Necesito que las personas me vean como el buen pastor, el predicador calmado y el pastor tierno que está a la disposición de todos. Eso fue lo que impulsó mis semanas de trabajo de setenta y cinco horas. Eso fue lo que dejó mi alma vacía, mi cuerpo exhausto y mis relaciones desechas. Tristemente, ese enfoque en el ministerio no solo me duele; también pone a otros en riesgo. Estoy empezando a ver que cuando entro en una conmoción pastoral, puedo desconectarme fácilmente de Dios, descuidar a mi esposa e hijos, y no estar con las personas que dirijo en la iglesia.

Es que no se trata solo de escalar… Ese accidente pareció ejemplificar el quebrantamiento de mi propia alma.

Casi un año después de esa caída, me siento mejor al hacerme periódicamente algunas preguntas sinceras: ¿Cuándo me meto en una situación extrema? ¿Estoy excediendo los límites establecidos por Dios? ¿He confundido el celo necesario para servir a Dios, desarrollar una iglesia y comenzar nuevos programas con el aumento de hormonas poderosas? En otras palabras, ¿se trata de Dios o de mí? ¿Estoy siendo guiado por el Espíritu Santo o por mi propia adrenalina?

En verdad, no he cambiado de la noche a la mañana. Todavía estoy identificando los ídolos que pueden impulsar mi enfoque en el ministerio. Pero estoy aprendiendo que el liderazgo también implica respetar los límites. Por ejemplo, estoy aceptando el hecho de que mi cuerpo y mi alma solo pueden lidiar con cierto número de horas de trabajo en una semana típica. Me estoy adaptando a la realidad de que mi esposa y mis hijos solo pueden prosperar a cierto ritmo. Los miembros de la iglesia pueden crecer rápido. Un constante patrón violatorio de esos límites no siempre puede conducir a una caída inmediata y trágica, pero ¿por qué querría obligarme a mí mismo o a otros a escalar más allá de los límites protegidos por Dios? Esos límites no son barreras para el trabajo de uno; son regalos que te infunden vida.

¿QUIÉN HABLA A MI VIDA?

Después de la caída, de repente estuve hambriento de consejos. Al escuchar las críticas de Will Gadd y otros, me motivé a conectarme con escaladores más experimentados. Leí sus blogs y escribí correos electrónicos solicitando más información. Compré y leí libros. Volví a escuchar el consejo de la guía para escalar en la escena de mi accidente.

Como todo en la vida, escalar en hielo tiene un cuerpo de conocimiento y una base de habilidades. Requiere tutoría y aprendizaje, instrucción y práctica. Para los escaladores, eso significa aprender humilde y pacientemente sobre nudos y cuerdas, métodos de descanso, controles de seguridad y dobles controles, métodos para trabajar con los pies, autoaseguramiento, colocación de tornillos, selección de rutas e inspección de equipo por uso excesivo y daño.

Es una curva de aprendizaje cuesta arriba. Alguien tiene que enseñarme esas cosas, mientras yo sigo siendo lo suficientemente humilde como para aprender las habilidades y desarrollarme como escalador. Por fortuna, en medio de la burla pública, encontré el menos pensado mentor de escalada, el primero que me criticó: Will Gadd. Después de sus primeras publicaciones en el blog, me envió unos correos electrónicos y me brindó algunos consejos útiles. Primero, me dijo que practicara con escaladas de cuerda superior: un ejercicio sencillo que implica atar una cuerda a un árbol y lanzarlo por un precipicio. Es una forma segura de practicar técnicas sin escalar por encima de tu seguridad. Entonces Gadd me dijo sin rodeos que buscara un escalador experimentado y le pidiera que me entrenara, aunque me costara dinero. En sus propias palabras, «el dinero gastado en un buen día de clases es [mucho] más barato que una fractura de pierna, de cráneo o la muerte».

Al fin, Gadd me ofreció un poco de aliento: «Me encanta ayudar de cualquier manera que pueda, y nunca tomo demasiado en serio lo que se publica en Internet. Alza la barbilla, aprende de los puntos válidos, pero no te rindas a los enemigos. Bebe café en un sótano oscuro, o lo que sea necesario para procesar todo esto… Como habrás notado, la cuestión es qué hacer con todo esto. También estoy en esto, así que vamos a divertirnos un poco y a mejorar». Eso también era lo que necesitaba saber sobre el pastorado: no hagas solo el ministerio, encuentra un mentor y deja que los demás hablen a tu vida. Encuentra a alguien con más experiencia en el ministerio que pueda transferirte habilidades pastorales, señalar tus puntos ciegos y darte comentarios constructivos. Eso puede requerir tiempo y dinero, pero es mejor que la alternativa: que el ministerio se desplome o que estalles conmocionado.

Así que comencé a hacer preguntas como: ¿Quién tiene derecho de hablar a mi vida? ¿Quién conoce mis pecados, debilidades y malos hábitos y además tiene el amor y la valentía para confrontarme? ¿Soy capaz de acoger ese tipo de «retroceso» en mis relaciones? Ahora estoy aprendiendo a buscar ese tipo de relaciones: que estén basadas en una fuerte honestidad, una confianza tierna y un amor consagrado. Relaciones como esa no solo me benefician. También estoy aprendiendo lo importante que es para mí modelar un estilo de vida y liderazgo accesible, acogedor y dependiente de Dios, en vez de un estilo arrogante, invulnerable y autosuficiente.

Estoy empezando a permitir, e incluso a buscar, críticas sobre mis estándares, mis pecados y las áreas de crecimiento necesarias. En un momento dado, durante una conferencia de una semana que se centró en la renovación espiritual, una conversación con mi esposa y nuestro discipulador reveló un profundo pozo de ira dentro de mí. Mi ira venía de la necesidad de controlar y complacer a otras personas. Como resultado, deposité enormes expectativas en mi esposa, la iglesia y en mí mismo, pero como no estuvieron a la altura, eso avivó mi enojo.

Mi esposa calladamente pero con valentía describió mi impaciencia, la adicción al trabajo, la dureza de corazón y las palabras duras. Estaba hiriendo su espíritu. Al principio, me encogí de ira, pero las palabras lentamente traspasaron mi orgullo y suavizaron mi duro corazón. Por supuesto, todavía me duele escuchar la verdad sobre mis fallas, ya sea de mi esposa o de la comunidad montañista. Pero desde el accidente, obtuve un nuevo aprecio por la oportunidad de crecer a través de comentarios francos.

¿APRENDERÉ DE MIS FALLOS?

Mucha gente en la comunidad montañista comete errores. Cada año la gente cae, se lastima e incluso muere, a veces debido a errores evitables. Pero gracias al video y a Internet, mis errores fueron captados y difundidos por todo el mundo. Rara vez la gente ha podido ver una caída como esa, ni ver los errores de un escalador tan claramente. El video no es un tráiler de incompetencia total, pero rara vez existe en la comunidad montañista un video de lo que no se debe hacer y un animado foro para diseccionar y aprender del accidente.

La reacción en los círculos montañistas fue rápida, intensa y dura. Los comentarios publicados incluían: «Total ignorancia». «VENDE todo tu equipo». «No creo que a este gato le queden muchas vidas».

Como la mayoría de los líderes, valoro mi reputación. Quiero que la gente piense que soy competente y capaz. Por tanto, mientras más personas veían y analizaban el video, más me apenaba y me avergonzaba. Un hombre incluso publicó en el blog de Will Gadd: «Si fuera ese tipo, nunca volvería a mostrar mi cara en New Hampshire». Estuve de acuerdo con él. Quería esconderme, o al menos quería desesperadamente contar la historia para que no me viera tan mal. Mi corazón caído e inseguro teme la exposición que viene a través del fracaso. Quiero que otros vean mis éxitos, no mis fracasos.

Por supuesto, esta aversión al fracaso puede frustrar al liderazgo valiente. Como dijo Seth Godin en una reciente Cumbre de Líderes: «Si el fracaso no es una opción, tampoco lo es el éxito». Así que una vez más, la caída me obligó a cuestionar mis suposiciones. ¿Cómo respondo al fracaso? ¿Me hace correr y esconderme? Si no, ¿por qué respondo con miedo y vergüenza? ¿Constantemente identifico y aprendo de mis fallas? ¿Los que conduzco me ven cual modelo de cómo fallar con gracia y humildad? ¿Respondo bien a los demás cuando fallan?

¿QUIÉN ES EL HÉROE REAL AQUÍ?

Durante la mayor parte de mi ministerio, he creído en lo que llamaré «la historia mítica del pastor como héroe máximo». Mi corazón caído a menudo ha deseado esta versión de la historia del liderazgo. Es una historia que me coloca en el centro. Debo ser el líder espiritual siempre competente, invencible, irrefrenable e incluso justo (o semijusto, o al menos más justo que la mayoría de las personas) que pueda servir a Dios heroicamente, sin cometer errores, al menos perceptibles.

Una vez que crea la historia del pastor como héroe máximo, estoy atrapado. Permanezco atrapado en mis patrones poco saludables y deseos pecaminosos: sigo siendo esclavo de los temores al fracaso y la desaprobación. Trabajo más e ignoro el trabajo del Espíritu. No dependo de Dios porque quiero ser el héroe de la historia. Pero si Dios puede humillarme, ayudándome a admitir mis errores, confesar mis fallas y aceptar mis límites, solo Él recibe la adoración y la alabanza por la historia de mi vida.

Cuando Dios es el héroe de la historia, cuando es el director, productor, narrador y estrella, entonces mis fracasos no implican una derrota automática porque hace que las personas apunten a su grandeza, no a la mía. Mis fracasos no terminan la historia, porque finalmente la historia no es sobre mí.

Desde el otoño, me he vuelto más receptivo a admitir mis fracasos. El accidente expuso mi resistencia a tener a Jesús en el centro del escenario. Historias como esta, que muestran mis fallas y su gracia, se convierten en una narrativa mucho mejor para la vida y el ministerio.

Dios es el héroe, no yo. No tengo que superar, probarme a mí mismo, trabajar con enormes conflictos ni superar mis limitaciones para probar algo a mí mismo o a cualquier otra persona. Todos tenemos oportunidades para hablar sobre la provisión de Dios. A veces esos momentos son un poco más humillantes que otros.

Por el bien del reino, estamos invitados, como los discípulos, a contar la historia de nuestra ignorancia, obstinación y nuestras fallas, pero también podemos contar la historia de cómo la gracia de Dios triunfa sobre nuestro pecado.

SEGUNDA PARTE

REPARACIONES NECESARIAS

Usar una cinta adhesiva para ponerla encima de una luz de advertencia en el panel de instrumentos de tu automóvil hará dos cosas: una buena, una mala. La buena es que oculta un problema potencial y un dolor de cabeza económico desde tu punto de vista, ya que elimina una fuente de irritación, distracción y preocupación. (Si, en efecto, realmente puedes ver esa cinta todos los días sin recordar lo que cubre.) La mala, es que puedes perder la oportunidad de mantener tu coche en buenas condiciones de funcionamiento, al punto que en cualquier momento te deje varado en un lugar desolado del camino.

Podemos hacer lo mismo con nuestras vidas espirituales con solo cerrar los ojos al mantenimiento que requiere. El testimonio de las Escrituras, la tierna y apacible voz del Espíritu Santo, así como también el consejo de un cónyuge o un amigo de confianza pueden señalar áreas en nuestras vidas que realmente deben atenderse, como por ejemplo: actitudes, hábitos, heridas cada vez más profundas o incluso adicciones.

Dios en verdad nos restaurará y renovará, si buscamos su ayuda con humildad. Pero antes debemos estar dispuestos a reconocer que nuestras vidas necesitan reparación. Si no lo hacemos, podemos parecernos a los laodicenses, que se taparon los oídos, cerraron los ojos y en medio de la ruina permanecían exclamando: «Soy rico; me he enriquecido y no me hace falta nada» (Apocalipsis 3:17).

Cuando reflexionas en eso, ves que la negación se ha visto prácticamente igual por los últimos dos mil años.

En esta sección, encontraremos la oportuna ayuda de Francis Chan, Bill Hybels, Eugene Peterson y Steve May, que señalan la verdad que nos alerta sobre el peligro y nos equipa a largo plazo.

5

ENTONA EL MOTOR

*Busca la formación espiritual y permite
que el Espíritu Santo haga su obra*

FRANCIS CHAN

Cuando predico, quiero que mis sermones forjen el compromiso espiritual de las personas en dos maneras: Primero, quiero que escuchen lo que Dios me está enseñando a través de su Palabra. Quiero que entiendan lo que significa un pasaje. Segundo, también deseo ser receptivo a lo que el Espíritu Santo quiera hacer en ese momento. De modo que no predico mis sermones tal como los preparo.

Hice este cambio porque quiero ser lo más genuino posible y si escribo demasiado, sobre todo con cuatro servicios dominicales, puede parecer algo repetitivo —con solo unos movimientos distintos— más que realmente que dependo de Dios en el momento. También quiero estar alerta al hecho de que hay diversas personas en cada servicio, por lo que cuando abro la boca, el Espíritu podría darme diferentes palabras que decir a cada grupo. Si tengo un guión, tiendo a seguirlo, aun cuando Dios puede guiarme en otra dirección en el momento.

Esta lucha con la función del Espíritu Santo ha sido un asunto gradual con los años. Por mucho tiempo en mi ministerio, funcionó realmente como si el Espíritu Santo no existiera. La verdad es que confiaba en la carne, en las habilidades naturales que Dios me dio, como los incrédulos que confían en sus dones naturales. Con mis habilidades comunicacionales normales, podría reunir una multitud incluso sin el Espíritu. Pero me percaté de que en la iglesia debe haber algo más que lo que puedo hacer a través de mis propios talentos. Tiene que haber algo sobrenatural, algo que solo el Espíritu Santo pueda hacer.

Estudio la Biblia porque procede de Dios y porque hay un poder sobrenatural en el evangelio y en su Palabra escrita. Pero no creo que sentarse por horas y elaborar el sermón perfecto sea de lo que se trata. Prefiero estudiar las Escrituras y vivir de una forma que cuando ore o hable, el Espíritu me dé lo que quiere que diga. Como he visto a Dios ser fiel con eso, quiero más y más de ello en mi ministerio.

Esta nueva dependencia del Espíritu Santo comenzó cuando algunos de nuestros líderes empezaron a estudiar el papel de los ancianos en las Escrituras. «Saben», dijeron, «nuestras reuniones de ancianos son más bien de negocios. Discutimos cuánto deberíamos pagar para repavimentar el estacionamiento. Pero en la Biblia, el papel de los ancianos tiene más que ver con el pastoreo, la enseñanza y la oración». Así que decidimos hacer cambios. Determinamos que el personal hiciera más trabajo administrativo, por lo que los ancianos comenzaron a estudiar las Escrituras para ver dónde quería el Señor dirigir la iglesia espiritualmente.

Nuestras reuniones de ancianos empezaron a incluir mucha más discusión sobre teología, Escritura y discipulado. Comenzamos a darnos cuenta de que, en nuestra iglesia, nos faltaban algunas de las enseñanzas obvias de las Escrituras. Y empezamos a cuestionar los valores que teníamos de nuestra cultura.

Toda nuestra cultura estadounidense se basa en relaciones superficiales. Facebook y Twitter son los ejemplos por excelencia. Tenemos muchos «amigos», pero conocemos muy pocos a un nivel significativo. Necesitamos comenzar a mirarnos a los ojos y sostener conversaciones; diálogos cara a cara más profundos y significativos. Nos dimos cuenta de que preferiríamos tener diez relaciones sólidas en la iglesia que diez mil superficiales.

Otra razón que sustenta nuestras relaciones superficiales es que nuestra cultura nos dice que debemos ser completamente independientes o, en caso contrario, confiar en que el gobierno y la compañía de seguros nos protejan. Pero dentro de la iglesia, Dios quiere que seamos interdependientes. Por eso estamos orientados a cuidarnos unos a otros, a velar los unos por los otros y a constituirnos cada uno en la seguridad del otro. Por tanto, hicimos un compromiso entre los ancianos de que, si algo nos sucede a alguno de nosotros, el resto nos encargaríamos de la familia del afectado.

Como cultura, estamos tan preocupados por lo que nos va a pasar dentro de treinta años que no nos ocupamos de nuestros hermanos y hermanas que necesitan ayuda hoy. Jesús nos dice que no nos preocupemos por el mañana, mucho menos por los próximos treinta años que vienen.

Intento imaginarme una reunión en la que alguien diga: «¿Por qué no nos deshacemos de nuestros seguros y compartimos ese dinero?» Puede que te preguntes, cuando nuestros mayores se comprometieron mutuamente, ¿dudaría alguno de ellos y diría: «En teoría estoy con ustedes, pero no estoy listo para hacer eso?» No, con esa gente no había mucha vacilación, lo cual era sorprendente. Habíamos estado hablando de este tipo de cosas durante mucho tiempo, y lo habían estado pensando en sus propios momentos con el Señor. El hecho de que nuestros mayores hayan estado juntos por años ayudó a facilitar la decisión. Tenemos una relación cercana. Hay confianza.

Esa confianza es el componente crucial de este tipo de transformación entre los líderes. La razón por la cual un anciano podría mirarme y decirme: «Francis, te aseguro que si te sucede algo, me encargaré de tu familia», y por la que le creo es porque he vivido con él. He visto las convicciones de esos ancianos ante el Señor y sé que no son solo palabras vacías. Así que hay confianza y creo que esa es la forma en que debe ser. Hay muchas iglesias con líderes que no están viviendo su fe juntos. Al contrario, tratan de poner en práctica la transformación mediante la creación de programas. Eso no funciona así.

Debido a que hemos cambiado nuestro enfoque de la autosuficiencia a la dependencia mutua a través del poder del Espíritu Santo, la formación espiritual de nuestra gente no depende solo de mí. Cuando dimos ese paso, nos percatamos de que una iglesia del tamaño de la nuestra debía tener cincuenta o sesenta ancianos, por lo que comenzamos el proceso de capacitar a muchos más. Habíamos descuidado eso bajo el antiguo modelo de gestión puesto que pensamos que sería imposible tomar una decisión con sesenta personas en un salón. Ya es bastante difícil con diez. Pero luego nos dimos cuenta de que estábamos hablando de dos cosas diferentes: pastoreo y toma de decisiones. Así que nombramos más ancianos para pastorear la congregación, pero gran parte de la toma de decisiones la reservamos para un equipo más pequeño: seis u ocho de nosotros.

Hemos visto que esos cambios se extienden al resto de la comunidad. Tras hacer ese compromiso de dependencia mutua, comenzamos a compartir nuestras posesiones más como ancianos. Pronto comenzamos a expandir la práctica para compartirla con las personas más cercanas a nosotros: gente de nuestros vecindarios y algunas de la iglesia. Y el círculo continuó expandiéndose. Ahora las personas en nuestra iglesia están regalando sus autos, haciéndoles cheques a los necesitados, compartiendo sus posesiones e incluso sus casas. Es un principio inevitable: todo sube y baja con el liderazgo. Enseñamos con nuestro ejemplo.

El ejemplo de los ancianos y el liderazgo es más importante —aun en una iglesia grande—, que tener los programas o las predicaciones ideales. Hay muchas iglesias con líderes que no viven su fe juntos y no tienen confianza mutua. Es por eso que intentan transformar las vidas creando programas. Por lo cual, a menudo se oye hablar de personas que dicen: «Me encanta la iglesia, pero una vez que conocí el liderazgo y el funcionamiento interno, me decepcioné». El ejemplo no coincidía con la enseñanza. Esa es una terrible acusación.

En un libro reciente, escribí: «No puedo convencer a la gente de que se obsesione con Jesús, es por eso que necesitas el Espíritu Santo». Con esto quiero decir que se necesita más que una buena predicación para hacer auténticos discípulos. Una vez que pastoreas por un tiempo, te das cuenta de que clavar un sermón no significa que las vidas se transformarán. O conocerás a una persona que ha entregado todo a Cristo, y te darás cuenta de que nada de lo que has predicado y nada de lo que has hecho lo ha convertido en creyente.

Un día, un hombre que había estado en nuestra iglesia por quince años me dijo que mi predicación no lo había afectado. Dijo que hablaba demasiado sobre el «camino angosto» y de que todos deben creer en Cristo radicalmente. Entonces me dijo que también hay un «camino intermedio» donde la gente como él puede hacer muchas cosas buenas. Aquello me impresionó. Ha estado sentado escuchando mis enseñanzas durante quince años, y todavía cree que no solo hay un camino ancho y fácil, un camino estrecho y difícil, sino también un camino intermedio. Me han dicho muchas veces que mi enseñanza es realmente útil, que hago las cosas simples para que las entiendan. Y luego escuchas algo así, es para derrumbarse.

Ahí es cuando recuerdo que no puedo hacer que alguien se enamore de Cristo. No transformo personas; solo Dios lo hace.

Sin embargo, lo patético es que eso me llegó a mi propia casa, literalmente, con mi hija adolescente cuando me dijo que no estaba enamorada de Jesús. Pasé noches llorando, gimiendo y orando al Señor. Aquí soy conocido por mi habilidad para comunicarme, pero no había nada que pudiera hacer por mi propia hija que la hiciera enamorarse de Jesús. Por supuesto, aún podía guiarla y dirigirla, pero no tenía poder para condenarla.

Así que oré: «Dios, o tu Espíritu viene a ella o no lo hace. No importa lo grandioso que sea como padre. No puedo traerla a la vida».

Entonces, un día, entró en mi habitación y me dijo: «Tenías razón, papá. El Espíritu Santo no estaba en mí. Pero ahora está». Ella habló sobre cuán cerca estaba de Dios y cómo todo había cambiado. Mi esposa y yo estábamos escépticos. Queríamos ver evidencias del cambio. Pero meses después, puedo decir que realmente es una nueva creación. Yo no hice eso. Fue el Espíritu Santo.

Debo dejar de tratar de desempeñar el papel del Espíritu Santo forzando, manipulando, hablando y programando a las personas sobre el cambio que quiero ver. Al contrario, debo dedicar más tiempo a orar para que el Espíritu Santo venga a sus vidas y los regenere.

Por tanto, ¿qué sentido tiene todo el trabajo, la preparación del sermón y los programas si el resultado es ajeno a nuestras manos? Parte de nuestro trabajo se desperdicia, porque estamos trabajando duro creyendo que estas cosas cambian a las personas. Pero las experiencias que relaté anteriormente me han mostrado que mucho más de nuestro trabajo necesita ser puesto en oración, estudio de la Palabra y confianza en Dios. Podría pasar diez horas adicionales en cada sermón, tratando de hacer que cada palabra encaje correctamente, pero sería mucho mejor dedicar el compartir el evangelio con la gente y orar por ella.

No me malinterpretes; estudio mucho, porque las Escrituras me lo dicen y porque quiero ser preciso en mi enseñanza. Debemos trabajar duro «como para el Señor», pero tenemos que dejar que nuestra teología nos guíe en lo que trabajamos duro. Y tenemos que ser guiados por el Espíritu en referencia a cuánto tiempo dedicar a la elaboración de un sermón y cuánto tiempo se debe dedicar a orar por un movimiento del Espíritu.

Las iglesias que se construyen a través de nuestro esfuerzo más que en el Espíritu colapsarán rápidamente cuando dejemos de presionar y empujar a la gente. Por supuesto, debemos presionar, estimular y persuadir a los hombres y mujeres para que amen a Cristo y pongan su confianza en el Espíritu Santo, pero no para hacer más, esforzarse más o involucrarse en más programas. Aprendí a pasar mucho más tiempo orando y pidiendo al Espíritu que se mueva y rogándole a Dios que envíe obreros. Mientras más miras las Escrituras, más te das cuenta de que nada sucede a menos que Dios esté detrás de ellas. *Jesús* está construyendo *su* iglesia. Solo quiero ser parte de eso. Seguiré haciendo mi trabajo, pero el fruto depende de Él. Solo podemos orar: «Por favor, por favor, permítenos ver tu Espíritu trabajando. Que sea como un poderoso viento que nos conmueva».

Permíteme ilustrar esta dependencia del Espíritu Santo con un ejemplo del surf. A veces estoy en el océano y no hay oleadas. Realmente no quiero remar, así que oro: «Dios, dame un buen empujón, una buena ola que me lleve de vuelta a la orilla». Oro porque no puedo llegar y no puedo pedirles a mis amigos que hagan movimientos para que creen una ola. Somos impotentes. Eso es lo que creo que sucede a menudo en la iglesia y en la vida. Creemos que podemos hacer olas, pero en realidad, dependemos totalmente del Espíritu.

Resulta que soy un pastor de una megaiglesia. Una gran reunión en la que todos cantan muy fuerte es agradable, pero eso no indica que el Espíritu esté trabajando. Si la música entusiasta indica éxito, gastaríamos más dinero en mejores músicos y mejores líderes de adoración. Pero así no es como nuestra junta de ancianos mide el éxito. Tampoco es como Dios lo mide.

A los ojos de Dios, el éxito es que las personas se amen profundamente, se preocupen por los demás, se internen profundamente en sus vidas, compartan sus posesiones y compartan el evangelio en sus comunidades. ¿Son seguidores devotos de Jesús? ¿Está sucediendo la transformación? ¿Se ven a sí mismos como parte de algo más grande que ellos, un cuerpo con una misión más grande que el individuo? Nuestro trabajo no es conseguir la mayor cantidad posible de personas en la iglesia. Nuestro trabajo es asegurarnos de establecer un patrón bíblico.

Cuando estábamos debatiendo sobre la inauguración de los lugares con video o moviéndonos de adelante hacia atrás entre los servicios de adoración, uno de los ancianos me desafió al preguntar: «¿No quieres crear un modelo reproducible? ¿No es eso lo que vemos en las Escrituras y no es eso lo único que te satisfaría, un movimiento que vaya más allá de las limitaciones de una pared?»

Tenía toda la razón: es más bíblico confiar el liderazgo a otros pastores que poner todo en una sola persona. Ahí fue cuando nuestra iglesia decidió concentrarse más en las reuniones hogareñas.

Los grupos están intencionalmente basados en lo geográfico. Sentimos que incluso en la iglesia, las personas encontrarán individuos con ideas similares con los mismos intereses, lo cual no es bíblico. Estamos llamados a amar a personas que sean completamente diferentes de nosotros mismos. Medita en Filemón y en Onésimo. Y realmente creemos que si tienes una hermana en Cristo que vive al lado, Dios quiere que la conozcas y la ames aunque sea completamente diferente de ti. Esa es la belleza del cuerpo de Cristo, y queremos pintar esa imagen en nuestros vecindarios.

Hemos posicionado a los ancianos en diferentes barrios para que pastoreen esos grupos, y estamos desarrollando ancianos en barrios donde aún no tenemos ningún grupo. Entre tanto otros líderes han dicho que estarían dispuestos a mudarse a donde no haya un anciano para dirigir.

No requerimos que los ancianos impartan toda la enseñanza en esos grupos hogareños. Queremos que pasen su tiempo guiando a las personas, realmente amándolas y cuidándolas. Como voluntarios, es difícil para ellos pasar diez o quince horas a la semana preparando un mensaje. Así que preparamos un DVD conmigo sentado en un sofá enseñando. Pero solo proporcionamos el video dos veces al mes. También queremos que nuestros ancianos aprendan a enseñar, por lo que al menos una vez al mes impartirán la enseñanza al grupo. Y al tiempo quizás ya no necesiten los DVD.

Ahora que las reuniones en el hogar son nuestro nuevo enfoque, mantener el gran servicio dominical de adoración puede ser una distracción. Pero estoy dedicado a eso por ahora. A las personas en las reuniones hogareñas les encantan esos servicios dominicales. Algunos han dicho que nunca volverán a la forma antigua de la iglesia, pero otros simplemente aún no la entienden. Y para ser justos con ellos, he enseñado un modelo de iglesia durante tantos años que no puedo esperar que salten a uno completamente nuevo de la noche a la mañana. Así que por ahora veo estos servicios dominicales como un tiempo de transición para que yo pueda pastorear y ayudar pacientemente a canalizar personas a las reuniones más pequeñas.

Tal vez algún día no tendremos grandes reuniones. Por ahora, no tiene ningún sentido terminarlas. Pero algún día podría ser. A veces me pregunto si Dios quiere usar Cornerstone de ejemplo en cuanto a cómo descentralizar la iglesia y capacitar a otros líderes para que otras iglesias y pastores puedan aprender a hacerlo.

Algunos pastores temen seguir nuestro ejemplo. Temen que al enfatizar la oración, llamando a las personas a un compromiso profundo y desestimando las grandes reuniones de adoración, sus iglesias colapsen. Pero debemos recordar que nuestro trabajo no es mantener a tanta gente como sea posible. Nuestro trabajo es asegurarnos de establecer un patrón bíblico. Eso es lo que intentamos hacer los ancianos y yo. ¿Y no es por eso que nos involucramos en el ministerio, porque al leer la Palabra de Dios vimos que las personas no están viviendo en santidad y queremos ayudarlas? No, no era un concurso de popularidad, espero que no lo haya sido. Y sí, podría significar que pierdes mucha gente. Podría significar que ni siquiera tienes suficiente gente para mantener tu salario. Y esa es una prueba real, pero sigues haciéndolo.

En los primeros días de nuestra iglesia, prediqué un sermón particularmente duro y convincente. Después, el pastor de alabanza me dijo: «¿Crees que alguien volverá la próxima semana?» Y hablaba en serio. Fue una locura, pero la asistencia de la semana siguiente fue aún mayor.

Por supuesto, hemos tenido personas que se molestan y se van, y eso es difícil de aceptar. Pero Jesús realmente no tenía problemas para rechazar a la gente si no estaban listos para comprometerse. Lo que veo en las Escrituras es que es todo o nada. Estamos llamados a morir a nosotros mismos; es muerte completa, rendición.

Le digo a la gente: «Es genial que nos estés mirando y aprendiendo, y oro para que entiendas que Dios es bueno y que nada se compara con Él. Espero que en ese momento le entregues tu vida a Jesús y lo sigas». El compromiso de seguir a Jesús es como el matrimonio. Es de por vida, para bien o para mal. Y si alguien no está listo para hacer ese compromiso, entonces no debe casarse.

Por otro lado, cuando alguien se va porque no está listo para el compromiso, siempre debemos controlar nuestros propios corazones y asegurarnos de comunicarnos con ellos en amor. Al principio, cuando las personas comenzaron a irse, no mostramos mucho amor ni compasión. Consideramos que fue una victoria que la gente se fuera. Les mostramos la verdad sobre su compromiso. Hubo algo de arrogancia en nosotros, lo cual me rompe el corazón. Incluso ahora, siempre es difícil cuando una persona se va. Y entonces nos reunimos unos con otros, nos alentamos unos a otros, y nos recordamos mutuamente que esto va a suceder, pero tenemos que seguir enseñando lo que sabemos que es verdad: la vida cristiana requiere un compromiso absoluto.

Se nos acusa de ser fariseos por llamar a la gente a un compromiso tan elevado. A menudo se nos acusa de convertirnos en una secta porque instamos a las personas a hacer ese compromiso. Definimos secta como comunidades excesivamente comprometidas con un sistema de creencias. Según esa definición, Jesús habría estado dirigiendo una. Así que hoy los mormones están dispuestos a andar en bicicleta por la ciudad, los testigos de Jehová tocan cada puerta que se les atraviesa y las que no, pero nosotros como cristianos no tenemos que hacer nada. Nos han enseñado una versión diluida del seguimiento de Jesús por tanto tiempo que las personas piensan que es cristianismo, pero no es bíblico.

Tengo que ser franco y decir que muchas veces quise desistir, porque es realmente doloroso cuando los amigos se van y tus seguidores más fuertes se convierten en tus críticos más apabullantes. Es terrible. Y es difícil cuando los líderes que están contigo comienzan a ser atacados. Me pongo muy a la defensiva con mis líderes porque amo a estos muchachos. No quiero que la gente piense que es fácil guiar a la iglesia hacia una mayor profundidad y compromiso. A veces molesta bastante. Pero cuando reflexionas en la Palabra, te das cuenta de que así es como debe ser y te sientes en paz.

6

AFINA TU SEXTO SENTIDO

Guía práctica para tomar buenas decisiones

BILL HYBELS

Hace varios años, una película de bajo presupuesto se convirtió en un éxito de taquilla. La línea argumental seguía a un chico que tenía una misteriosa capacidad para ver lo que otras personas no podían ver, en este caso, ver e interactuar con personas que no estaban vivas. La famosa frase de esa película, «El sexto sentido», fue la revelación del niño: «Veo gente muerta». Es espeluznante, aunque memorable.

Un pastor me dijo: «Gran cosa. Lo veo en cada reunión de diáconos». Muchos cristianos, laicos y líderes por igual tienen una intuición especial, un sexto sentido, si se quiere. Es probable que todos conozcamos personas cuya brújula interna funciona de manera coherente mejor que cualquier otra persona en el recinto. Todos los demás están tratando de encontrar la dirección correcta en una circunstancia particular y este individuo, que ha estado escuchando con atención, habla y sugiere un curso determinado, y todos dicen: «Eso es todo. Por supuesto, eso es todo». ¿Cómo lo hizo?

Conozco personas que pueden percibir el futuro mejor que la persona promedio. Pueden ver las implicaciones de las decisiones actuales sobre las realidades futuras. Es bastante extraño. Otros pueden ver el brillante diamante donde algunos ven solo una mina de carbón llena de problemas. Conozco líderes que pueden discernir el potencial de un individuo que el resto de nosotros descartaría.

¿Cómo explicas esas misteriosas capacidades?

Hace poco he estado pensando en el proceso de toma de decisiones. ¿Qué contribuye a esta intuición? ¿Se puede desarrollar?

Durante treinta días hice un experimento. Mantuve una libreta de papel conmigo y cada vez que tomaba una decisión, relevante o irrelevante, la anoté. Después de treinta días reflexioné sobre esas decisiones para ver si podía discernir qué factores influían en mi toma de decisiones. Quería entender ese sexto sentido, ese misterio de mi propia intuición.

¿Mi conclusión? Después de una considerable reflexión, creo que los líderes diligentes, espiritualmente dotados, líderes tipo Romanos 12:8 y otros cristianos, con el tiempo, construirán un sistema de valores y una base experiencial que enriquezca cada decisión posterior. Este proceso permite a los hombres y mujeres dirigidos por el Espíritu ser más sabios y mejores a medida que pasan los años.

Cuando analicé mis decisiones, se hicieron evidentes cuatro influencias. Estas cuatro fuentes informan las decisiones de la mayoría de las personas, ya sea que las conozcan o no.

LO QUE CREO REALMENTE

Una decisión que cayó en mi escritorio durante ese tiempo involucró a una de nuestras oficinas internacionales de Willow Creek Association. Un alto directivo, que posteriormente dejó de ser empleado nuestro, había asumido múltiples compromisos financieros cuestionables. No había contratos firmados ni papeleo para referencias, pero la gente nos pedía que les pagáramos por el trabajo que habían hecho.

Cuando se nos preguntó qué debíamos hacer, respondí de forma instantánea e intuitiva: «Págueles. A todos. Págueles lo que le pidan».

Como holandés, separarme de cualquier cantidad de dinero me resulta emocionalmente desgarrador. Pero esa decisión fue fácil. No tuve que contratar un consultor ni orar al respecto. Ni siquiera era realmente de naturaleza económica. La decisión se hizo virtualmente debido a tres fundamentos básicos de mi vida.

1. *Si honro a Dios en todo, Dios me honrará*. Esto no es una sutileza. Es una creencia fundamental, inquebrantable en mi esencia. Realmente creo que el Dios soberano mostrará su favor divino a cualquiera que constantemente intente honrarlo absolutamente en todo.

Por el contrario, si deshonro a Dios de alguna manera, si uso atajos en la vida o en el ministerio, si pongo en peligro mi carácter, si no cumplo con mi palabra, si no obedezco las impresiones que Él me llama a obedecer, realmente creo que esa ayuda del cielo ya no está garantizada. Dios podría darla por gracia, pero no puedo esperarla. Y no soy un líder lo suficientemente bueno para dirigir sin la ayuda del cielo.

2. *Las personas cuentan*. Dios tiene solo un verdadero tesoro en este cosmos: la gente. Por lo tanto, realmente creo que si considero valioso lo que Dios más atesora en este mundo, Él empoderará mis esfuerzos. Así que cada vez que hay un «componente de personas» involucradas en una decisión, mi antena se levanta. A menudo les digo a los miembros de nuestra junta directiva: «Amigos, si vamos a cometer un error en esto, vamos a pecar de ser amables con las personas». Cuando nos paremos ante Dios algún día, veremos que a veces extendimos demasiada gracia, pero seguro que no queremos saber que nos equivocamos del otro lado.

En Lucas 18, Jesús describe a un juez injusto que «no teme a Dios ni respeta a las personas». No se preocupó por honrar a Dios; tomaba las decisiones que le favorecían. Y como no le importaba la gente, no tenía respeto por ellas. Sus decisiones fueron avaladas por un sistema de creencias defectuoso que condujo a la corrupción. Mi determinación es nunca parecerme a ese juez.

3. *La iglesia es la esperanza del mundo.* La mayoría de las personas erróneamente suponen que soy bastante intenso con todo. No es verdad. Pregúntales a mis amigos cercanos. No me entusiasman los restaurantes, la ropa, los automóviles, las actividades recreativas, el dinero, la política ni la mayoría de las cosas de la vida. Pero modestia aparte, me acusan de eso que Jesús llama su novia, la iglesia. Acúsame por ser intenso con la iglesia, me declaro culpable.

Estoy por encima de cualquier decisión que tenga implicaciones importantes para el futuro, la salud, la unidad o la eficacia de la iglesia: ya lo tengo todo. Haré casi cualquier cosa o pagaré casi cualquier precio para asegurarme de que la iglesia sea bien dirigida. ¿Qué es lo que realmente crees? Identificar tus creencias centrales agudizará tu efectividad.

¿QUÉ HARÍA UN MEJOR LÍDER?

Mis decisiones a menudo se basan en lo que sé que otros harían en una situación similar: personas que son más sabias, más dotadas, más experimentadas que yo. A algunas de esas personas las conozco personalmente. A otros nunca los conocí, pero me han guiado por medio de sus libros y sus grabaciones.

Por otro lado, diversos tipos de decisiones me llevan a buscar diferentes clases de líderes. Algunas decisiones implican riesgos, por lo que debes considerar la desventaja como algo serio. La persona que más me habla cuando estoy haciendo una evaluación de riesgos es mi padre. Tiene casi veinticinco años muerto, pero aún afecta poderosamente mi gestión de riesgos a través de lo que observé en él.

A algunas personas les encanta arriesgarse, tanto que apuestan su granja una y otra vez. ¿Y qué sucede cuando apuestas una granja vez tras vez? Al fin la pierdes. Por otro lado, algunos líderes son reacios al riesgo. Nunca se arriesgan.

Mi padre se arriesgaba calculadamente. Supervisaba sus negocios principales constante y coherentemente. Solía decirme: «Billy, si no te arriesgas a volar de vez en cuando, nunca aprenderás nada y tu vida será muy aburrida». Creo que la expresión «arriesgas a volar» proviene de los pilotos cuando probaban los aviones nuevos. Mi papá volaba de vez en cuando con sus negocios: con nuevas ideas, nuevas estrategias, nuevos productos. A veces se arriesgaba con la gente. Unas veces volaba muy bien; otras, se estrellaba y perdía mucho dinero. Pero después que se estrellaba, me contaba las lecciones que había aprendido durante la aventura. Y me decía: «No es el fin del mundo. Además, fue divertido intentarlo».

Mi papá era casi impermeable a los detractores que lo rodeaban. Cuando le decían que una nueva idea era una locura, sonreía ampliamente, con seguridad y decía: «Probablemente tengas razón. Lo sabremos en unos meses, ¿no es así?»

No corría riesgos descuidadamente, siempre apostaba por lo alto, tampoco era reacio a arriesgarse. Simplemente sentía que un vuelo calculado, una que otra vez, lo mantendría aprendiendo y creciendo.

Ese enfoque continúa influyendo en mi toma de decisiones. Estamos intentando volar en este momento con los centros del ministerio regional de Willow Creek. No sabemos si van a funcionar. Es un riesgo calculado. Pero lo que a menudo me da las agallas para lanzarme es la influencia de mi padre.

Algunos líderes apostaban por lo alto con demasiada frecuencia, por lo que mataron a sus iglesias. Deben tener a alguien en sus cabezas a quien realmente respeten, tal vez un comerciante de productos básicos, que prospere arriesgándose. Otros no han recibido un folleto en una década, probablemente influenciado por una voz respetada que diga: «El riesgo es malo. No fracasar es peor que nunca intentarlo».

¿Quién está influyendo tu actitud hacia el riesgo? ¿Es la persona correcta? Tengo que tomar muchos tipos de decisiones.

Si se trata de cómo manejar al personal de bajo rendimiento, veo a dos líderes: Jesús y Peter Drucker, en ese orden. Jesús dijo: «El trabajador tiene derecho a su sueldo» (Lucas 10:7). La implicación es que el empleador le debe al trabajador productivo el salario adecuado.

Por el contrario, si un trabajador no realiza un servicio digno, su salario debe cesar o disminuir. Peter Drucker me dijo una vez: «Bill, cuando se trata de personal remunerado, incluso del personal de la iglesia, la inactividad es inaceptable». Nunca he olvidado eso.

Por tanto, cuando tenemos un miembro del personal con bajo rendimiento, lo llamamos así: inaceptable. Entonces tratamos de discernir la causa. ¿Es un trabajo pobre? ¿Le falta entrenamiento? ¿Son irreales las expectativas? Podemos tratar eso. ¿O son malos hábitos de trabajo? ¿Mala actitud? ¿Un defecto de carácter? ¿Una incapacidad de trabajar bien con otros? De vez en cuando, hemos tenido que invitar a gente de nuestro personal. Lo hacemos amorosamente. A menudo ofrecemos apoyo e indemnización. Pero lo que Jesús y Peter Drucker dijeron sigue haciendo eco en mi mente.

Otras decisiones se refieren a cuestiones de excelencia. Pienso en dos hombres de negocios: Ed Prince y Rich DeVoss. Ellos establecieron niveles de excelencia en sus negocios y en sus vidas que, cuando comencé a conocerlos realmente, parecían muy apropiados. Algunas personas son demasiado perfeccionistas; otros tienen una actitud indolente, tipo «todo vale». Ed y Rich modelan el equilibrio correcto para mí.

Otro asunto con el que lidio a menudo es la burocracia. Uno de nuestros principales líderes laicos me contacta totalmente frustrado y dice: «¿Qué tiene que hacer una persona aquí para obtener un simple sí o un no? Han pasado tres, cuéntenlos, tres meses desde que pedí permiso para hacer esto. Ni siquiera me importa cuál es la decisión o cómo la harán. Lancen una moneda, o llamen a la línea psíquica directa. Solo tomen la decisión».

Esto está sucediendo cada vez más en Willow Creek y me está volviendo loco. Pero dos líderes empresariales que nunca conocí me están ayudando. He leído la mayor parte de lo que ellos han escrito y mucho de lo que se ha escrito sobre ellos: Jack Welch, de General Electric y Lou Gerstner, de IBM. Cuando Lou Gerstner se encargó de IBM, dijo que tomar una decisión a la ligera era como intentar nadar río arriba en una corriente de mantequilla de maní. Entonces le declaró la guerra a la indecisión y, en gran parte, la está ganando. Jack Welch identificó como su valor número dos en General Electric la despiadada erradicación de la burocracia.

Cuando recibo un S.O.S. de alguien en la iglesia que dice: «¿Alguien tomará una decisión?», me vienen a la mente Lou Gerstner y Jack Welch, y me motivan a actuar con rapidez.

Así que hago que mi asistente llame a todas las partes involucradas a mi oficina, y les digo: «No vamos a salir de este salón hasta que tengamos una respuesta a la pregunta que ha estado esperando durante doce semanas. Así que arréglense. Estamos tomando una decisión».

No estoy abogando por eliminar el debido proceso. Pero la toma de decisiones oportuna es esencial para la vida de una iglesia en crecimiento. La gente merece decisiones oportunas. Vivir en un flujo constante de mantequilla de maní arruina la moral.

Hay muchos otros tipos de decisiones. Para las decisiones teológicas he tenido al Dr. Bilezikian en mi cabeza durante treinta años. Con decisiones relacionales y psicológicas, tengo dos consejeros que me ayudan. En decisiones éticas y morales, mi héroe es el líder del Antiguo Testamento: José, uno de los pocos líderes importantes de todos los tiempos de quien se dijo que tenía un récord completamente limpio.

Es importante leer, estar cerca de los demás, estar expuesto a personas y principios que influirán en tus decisiones diarias y en tu intuición.

DOLOR

La tercera fuente importante de datos que afecta mi toma de decisiones es el dolor que causaron algunas decisiones mal tomadas. A veces alguien tratará de persuadirme para que acepte su idea y, en mitad de la frase, casi como si pisas una mina terrestre, interrumpo y digo: «Eso no va a suceder».

Cuando preguntan por qué, digo: «Probamos eso mismo hace quince años. Pensamos que éramos inteligentes y fallamos. Lo intentamos de nuevo hace diez años. Fracasamos de nuevo. Pensamos que éramos más inteligentes hace tres años y, en verdad, fracasamos rotundamente. Hemos excedido nuestro promedio de fracasos. Lo siento. Su propuesta murió antes que llegara. Olvídelo».

Una de las ventajas de la experiencia es que tienes un archivo lleno de dolor con tantos recuerdos malos que tu intuición está lista y preparada para ondear la bandera del «avance lento» ante la probabilidad de que aparezca más dolor en el horizonte. Las personas más jóvenes y menos experimentadas todavía están ocupadas acumulando sus golpes; esa es la vida. ¿No es así?

El dolor es un maestro fantástico. Cuando hago sesiones de tutoría con los pastores, después de la cena a veces nos ponemos de pie y nos contamos las lecciones que hemos aprendido a la manera difícil, cosas que nunca volveremos a hacer. Y he escuchado algunas interesantes.

- «Nunca volveré a dejar que mi suegra tome el control».
- «Nunca más le daré a un nuevo pastor de jóvenes la tarjeta de crédito de la iglesia para que la use en un retiro de fin de semana».
- «Nunca permitiré que un orador invitado predique con señales y maravillas mientras estoy de vacaciones».
- «Nunca le diré a los que danzan en la adoración: "Usen lo que quieran cuando dancen"».

El dolor es un maestro muy eficaz. Y, es sabio aprender del dolor de los demás.

IMPULSADOS POR EL ESPÍRITU SANTO

Hace un año, nuestro equipo de programación estaba presionándome para decidir sobre el tema de nuestra serie de fin de semana en enero. Mientras luchaba con la decisión, el Espíritu Santo me dio un empujón tan concluyente como una vez que recibí una sugerencia: «Predica sobre el amor».

Le contesté: «Tienes que estar bromeando. Eso es demasiado blando para enero. La gente, en ese mes, necesita su reprimenda de inicio anual. Cosas como: "Vuela recto este año", "Pierde peso", "Disminuye la velocidad", "Aléjate de la deuda", "Deja de pecar", "Crece en Dios". Ya sabes, ¡cosas de enero!»

Sin embargo, después de unos días, el Espíritu Santo me insistió: «¿Confiarás en mí en cuanto a este caso?»

Así que hice una serie llamada «Gradúense en amar». Tema que recibió una de las respuestas más altas de cualquier serie que haya predicado en los últimos años. Y fue motivada más por Dios que por mi sentido común pastoral. La decisión de comenzar Willow Creek, en primer lugar, no fue un plan de negocios cuidadosamente calculado. Fue solo una sugerencia. Lo mismo con la decisión de enfocarnos en los buscadores, utilizar las artes y hacer nuestro servicio de creyentes a mitad de semana.

Todo eso desafió la sabiduría convencional. Fue simplemente un impulso del Espíritu.

Muchos de nuestros mejores empleados y voluntarios terminaron en las posiciones en las que están no porque los hayamos colocado ingeniosamente sino porque el Espíritu Santo lo incitó.

Evaluar la toma de decisiones por treinta días fue un ejercicio valioso para mí, puesto que me recordó nuevamente lo que las Escrituras enseñan: «los que son guiados por el Espíritu de Dios son los hijos de Dios» (Romanos 8:14).

Sí, debemos usar sabiduría y buen juicio al dirigir nuestras iglesias. Pero igualmente debemos mantener el oído atento al cielo en todo momento, escuchando el susurro silencioso del Espíritu Santo, que de vez en cuando habla respecto de nuestra toma de decisiones.

Solía pensar que todos los cristianos fuertes hacían eso normalmente. Pero ya no lo creo. ¿Realmente tienes un oído sintonizado con el cielo? ¿Hay suficiente silencio integrado a tu vida para que puedas escuchar al Espíritu cuando susurra? ¿Obedeces al Espíritu cuando él influye en tu toma de decisiones?

El Espíritu Santo es una verdadera fuente de datos sobrenatural, una que reemplaza todas las otras fuentes de datos y agudiza tu sexto sentido.

7

LEE LA BIBLIA
ESPIRITUALMENTE

*Las prácticas antiguas nos ayudan a
escuchar la Biblia, no solo a estudiarla*

EUGENE PETERSON

La Biblia no es un libro de texto. Tampoco es un manual para estudiar, dominar ni aplicar de modo mecánico. Al contrario, creo que debemos escuchar la Palabra de Dios y reflexionar sobre ella como poesía hasta que penetre en el alma. He descubierto que la antigua práctica de la *lectio divina* es una manera de escuchar con humildad las Escrituras y experimentar transformación. Exploremos el modo en que la lectura espiritual de la Biblia nos permite aminorar el paso y escuchar una vez más a Dios.

¿Qué es la *lectio divina*? Veamos la excelente explicación de Richard J. Foster:

Lectio es una forma de permitir que la mente «descienda» al corazón, de modo que ambos puedan ser atraídos al amor y a la bondad de Dios. Nuestro objetivo es sumergirnos…

En su forma clásica, la lectio comprende cuatro elementos, aunque hay muchas variaciones sobre ellos con diferente redacción y énfasis: *lectio* (lectura con un espíritu que escucha), **meditatio** (que refleja lo que «escuchamos»), **oratio** (orar en respuesta a esta audiencia) y **contemplatio** (contemplar lo que llevaremos adelante en nuestras vidas). [También podemos] referirnos a estos elementos básicos de la lectio como *escuchar, reflexionar, orar* y *obedecer*. Cuando estos elementos se combinan, cualquiera sea la secuencia —ya que se superponen y se mezclan de forma circular en vez de lineal— llevan al espíritu humano a una interacción dinámica con el Espíritu Santo.[9]

No puedo recordar cuándo comencé a practicar la *lectio divina*, pero ya lo hacía intuitivamente mucho antes de haber escuchado el término. En la escuela secundaria, participaba en todo lo que tuviera que ver con la poesía. Por eso sé que no puedes leer un poema muy rápido. El poema tiene sus propios ritmos, sus interpretaciones y diversos significados. La poesía tienes que leerla lentamente para absorber todo su mensaje. Cuando era estudiante, empecé a darme cuenta de que los salmos eran poemas, por lo que comencé a leerlos y orar con ellos como si leyera poesía.

Con este punto de apoyo en los salmos, empecé a leer toda la Escritura de esa manera. La primera vez que lees un poema, casi nunca lo entiendes. Tienes que leerlo diez veces o más. Tienes que escucharlo. Eso es como los cuatro pasos de la *lectio divina*. Los cuatro pasos no son secuenciales; son más como una escalera de caracol. Sigues dando vueltas y vueltas, volviendo a un paso y dirigiéndote a otro. Es algo fluido.

Sentí que esa forma de leer la Biblia era importante, incluso crucial, para una inmersión efectiva en las Escrituras. Por lo tanto, como es natural, quise que eso se extendiera por toda mi congregación. Con ese fin, formamos grupos pequeños. La gente los llamaba «grupos de estudio bíblico», pero eso resultó ser un problema. Cuando pones la palabra «estudiar» en el nombre de una actividad bíblica, la gente piensa que el objetivo es dominar la información.

De modo que piensan que la Biblia es algo que intentas entender y explicar. Esa es una gran barrera que hay que romper. Es más, no puedo decir que tuve mucho éxito en eso.

Así que dejamos de llamarlos «grupos de estudio bíblico». Les puse un nuevo nombre: «grupos de conversación». Teníamos conversaciones con la Biblia. Tomábamos un pasaje y lo escuchábamos; diversas personas lo leían en diferentes voces y luego tratábamos de escuchar la poesía del lenguaje, los sonidos y, por supuesto, el mensaje. Yo tomaba notas mientras la gente departía y, después de una hora, finalmente exponía algunos comentarios. Les mostraba que a través de nuestras conversaciones, descubríamos virtualmente todo lo que el comentario ofrecía. Estaba tratando de romper la fortaleza que la erudición académica ejerce sobre nosotros. No confiamos en nosotros mismos en cuanto a digerir la Palabra de Dios.

Debo dejar claro que no me opongo a los recursos que ayudan al estudio de la Biblia, tales como diccionarios, concordancias y comentarios. Todos tienen sus buenos usos, pero se interponen en la forma de escuchar el texto. No hay nada terriblemente difícil en la Biblia, al menos de una manera técnica. Está escrita en lenguaje popular, común. La mayor parte de su contenido era oral y se hablaba a personas analfabetas. Fueron los primeros en recibirla. Cuando hacemos que todo sea académico, perdemos lo importante.

Entonces, ¿por qué no leemos automática o intuitivamente la Biblia de manera más reflexiva? Se debe en gran medida a la forma en que somos educados. Cuando has pasado doce, catorce o dieciocho años en la escuela, tus hábitos se forman de una manera no reflexiva. Lo cual no es algo malo; no es trabajo de la escuela hacer que seamos reflexivos. Vamos a la escuela para aprender, para obtener información. Necesitamos aprobar los exámenes; poder leer y retener lo leído. Pero a la mayoría de nosotros nunca nos han enseñado a leer y escuchar de manera reflexiva.

Este tipo de lectura reflexiva, *lectio divina*, es lo que deberíamos enseñar a nuestras iglesias a hacer, pero no es algo que acabas de aprender y enseñas simplemente. Hay que leer la Biblia, no para obtener información, sino para escuchar su voz hablar, lo que requiere práctica. Los pastores deben ejercitarse en esto primero; deben entrar en ello. Y para hacerlo, simplemente tienen que dejar la prisa. Los pastores son las personas más ocupadas del mundo, siempre están en reuniones o apresurados por las que le esperan. No tienen tiempo para escuchar y, por lo tanto, no pueden enseñar a otros a escuchar. Obvio.

Es más, creo que los pastores somos los peores oyentes. Estamos muy acostumbrados a hablar, enseñar y dar respuestas. Debemos aprender a callar, a dejar de ser tan verbales, a aprender a prestar atención a lo que está sucediendo y a escuchar. No se trata solo de escuchar la Biblia, sino de escuchar a las personas; tomarse el tiempo para escuchar los matices en sus voces, en su lenguaje, y entrar en lo que estamos escuchando. Todos tenemos muy poca educación en este negocio.

Sé que a medida que nuestro mundo se vuelve más tecnológico con más formas de comunicarse, a los pastores les resulta más difícil reducir la velocidad y escuchar. Pero ¿quién más va a hacerlo si no los pastores? Nadie más tiene la oportunidad y el llamado que tenemos nosotros. Si lo observas estrictamente desde un punto de vista profesional, somos el único grupo identificable en la sociedad encargado de orar, reflexionar sobre las Escrituras y escuchar. Y somos parte de una cultura cristiana espiritual basada en la Palabra. Los pastores deben aprender a tomar las palabras más en serio, no solo como información, doctrina o reglas. Si no lo hacemos, ¿quién lo hará?

Cuando desafío a los pastores a reducir la velocidad, a escuchar y a reflexionar, me dicen que perderían sus trabajos si vivieran de esa manera. Y podrían estar en lo cierto. A mí me llamaron a la iglesia que pastoreo cuando se estaba iniciando la congregación. Yo era el único pastor que la mayoría de la gente había conocido. Se acostumbraron a mí y mi perspectiva ministerial. Después de estar allí unos diez años, me di cuenta de que probablemente no había otra iglesia en el país que me contratara. Nadie más toleraría mi manera de vivir y trabajar más reflexiva y menos frenética.

Conozco un número significativo de pastores que se han demorado para escuchar realmente. Pero tomaron una decisión deliberada para hacerlo. Tengo un amigo que acaba de renunciar a su iglesia de ochocientos miembros, aunque no tenía otro llamado. Su criterio para aceptar otra posición pastoral en una iglesia es que debe tener menos de cien miembros. Hay pastores que eligen ese tipo de vida, pero por lo general no se habla de ellos.

No quiero engañarte ni que pienses que las iglesias más pequeñas son más propicias para que los pastores promuevan la escucha. Creo que puedes hacerlo en congregaciones de cualquier tamaño, pero el pastor debe querer hacerlo. Y debe estar dispuesto a apartar tiempo para ello.

Si un pastor comienza a escuchar las Escrituras de manera reflexiva, su predicación será más conversacional y probablemente menos pulida. En la última clase que enseñé en Regent University, una joven obviamente irritada se me acercó y me dijo: «Doctor Peterson, tres veces durante su conferencia no dijo nada en un lapso de veinte segundos. Lo sé porque le tomé el tiempo. Soy de Hong Kong. En Hong Kong, los maestros van al punto directamente. Mi tiempo es oro».

Vamos a tener gente así, personas que quieren enseñanzas muy eficientes y polifacéticas. Sin embargo, hago todo lo posible para desalentar a esa clase de personas. Cuando las veo en mi congregación durante el sermón, me detengo y digo: «Guarden sus lápices. Quiero que escuchen. Escuchen la Palabra de Dios. No es algo para que imaginen cosas; es para que reaccionen, para que respondan». Inducir este tipo de cambio en el pensamiento es un trabajo lento, y los pastores no son personas pacientes. Es algo que debemos aprender y la propia disciplina de la *lección divina* nos ayuda.

No obstante, puede que preguntes: ¿Qué pasa con la doctrina correcta? ¿Será posible que las personas manipulen incorrectamente las Escrituras si se involucran más en la conversación y en la *lectio divina* que en su estudio riguroso y analítico? Por supuesto, habrá malentendidos, eso va de acuerdo con el lenguaje.

¿Cuántas veces en un matrimonio el esposo y la esposa se malinterpretan? Y esos malentendidos no ocurren porque usaron una gramática incorrecta.

Sin embargo, si somos parte de una comunidad en la que se honran las Escrituras, no creo que tengamos que preocuparnos demasiado. El Espíritu trabaja a través de la comunidad. Alguien tendrá una idea estúpida y descabellada. Siempre hay gente así. Los pastores debemos recordar que no somos policías de la teología. El objetivo de tener credos, confesiones y tradiciones es mantenernos en contacto con los errores obvios. Debido a que tenemos esos recursos, no creo que tengamos que estar ansiosos por ello. Si los lectores abren sus corazones a la Escritura, Dios les hablará.

8

DOMINA LA TURBULENCIA

El hábito de hablar con cuidado

STEVE MAY

Mi amiga Joi me dijo que cuando era pequeña, sus padres inventaron una táctica para evitar que hablara todo el tiempo. Le dijeron que las personas solo contaban con un número determinado de palabras en su vida y que, cuando terminaran de pronunciar la última de ellas, morían. Por eso, Joi desarrolló el hábito de usar las palabras con moderación. Me dijo que solía pasar un día entero sin decir una sola y que al, final del día, pensaba: «¡Acabo de añadir un día a mi vida!»

Joi parece haber sobrevivido al truco de su padre con pocos efectos dañinos; ella ciertamente, en la actualidad, nunca habla de más. Empero, no recomendaría que los padres usen esta estrategia con sus hijos. Sin embargo, no cabe duda de que es una buena idea para que les enseñemos a nuestros niños a practicar por sí mismos el arte de hablar con cuidado.

El libro de Proverbios tiene mucho que decir en cuanto a cómo lidiar con nuestras palabras. Tu capacidad o incapacidad para controlar la lengua determinará más que cualquier otra cosa el nivel de éxito que disfrutes en tus relaciones. Si crees que no puedes decir lo correcto, y constantemente pareces decir algo erróneo, puedes encontrarte algún día solo, alejado de todos.

A algunos les resulta fácil expresarse y no tienen problemas para decir lo que piensan. Usualmente nos referimos a ellos como brillantes conversadores. Otros pueden hablar una y otra vez, usar innumerables palabras y nunca llegar a decir nada en absoluto. Pero todos sabemos que más que hablar efectivamente hay que poder unir palabras con sensatez.

Estaba viendo el viejo Show de Dick Van Dyke recientemente, en el que estaba en una fiesta llena de seudointelectuales. Dick quedó atrapado en una conversación unilateral con un profesor de filosofía ensimismado. Uno de los otros invitados dijo: «¿Acaso no es brillante el doctor So?» Dick Van Dyke respondió: «Tiene la capacidad de decir cosas que aparentan ser vagas y, en realidad, carecen de sentido». Eso resume la forma en que mucha gente conversa.

La Biblia enseña un enfoque en la conversación diferente. Nos enseña a utilizar nuestras palabras con moderación y a hablar con precaución.

El otro día leí que los Diez Mandamientos contienen 320 palabras. El Salmo 23 tiene 101 palabras y el Padrenuestro unas 51 palabras. Sin embargo, en un informe reciente, el Departamento de Agricultura necesitó 15.629 palabras para analizar el precio del repollo.

No usar muchas palabras es lo que hace la diferencia; hay que usar las palabras correctas.

Necesitamos acostumbrarnos a hablar con cuidado. Necesitamos aprender a pensar primero, hablar en segundo lugar. Antes de hablar, veamos algunas cosas que considerar.

DEBEMOS PRIMERO CONSIDERAR NO DECIR NADA EN ABSOLUTO

Te voy a contar tres cosas que, si las tomas en serio, te liberarán y revolucionarán cualquier relación que tengas. Lo primero es aprender que no tenemos que ceder al impulso de abrir nuestras bocas en absoluto. Consideremos los cuatro beneficios de guardar silencio cuando estás a punto de hablar.

1. *No tenemos que decir todo lo que sabemos.* Estaba cenando con amigos una noche y comenzamos a hablar de música cristiana. Una mujer nombró a un artista y dijo: «Es mi cantante favorito. Me bendice mucho escuchar su música». Otra persona en la mesa dijo: «¿En serio? Bueno, una persona en mi iglesia estaba en un grupo de doce pasos para comer en exceso y esa cantante también estaba en el grupo. ¿Sabías que es bulímica? Ha estado atiborrándose y purgándose desde que era adolescente». Ahora bien, no tenía que decirnos eso. Para empezar, preferiría no escuchar nada en cuanto a atiborrarse de comida y purgarse mientras estoy tratando de comer. Pero, lo que es más importante, hay una razón por la cual todos esos grupos de doce pasos tienen el nombre «anónimo» en el título; es que la privacidad de las personas debe ser respetada.

Revelar esa información interna no ayudó al grupo, no edificó a nadie ni le dio gloria a Cristo. El hecho de que sepamos algo sobre alguien no significa que tengamos que difundirlo. Ahora, si en algún momento en el futuro ese artista cristiano en particular decide discutir públicamente su lucha con la adicción a la comida, esa es su decisión. Hasta entonces, es su negocio personal.

Puede que sepas algo de alguien, pero solo por eso, y solo porque sea verdad, no significa que tengas que decirlo. Si lo que dices no edifica a los demás ni da gloria al nombre de Cristo, será mejor que mantengas la boca cerrada.

Salomón lo expresó de esta manera: «El que es entendido refrena sus palabras» (Proverbios 17:27). Antes de hablar, consideremos no decir nada puesto que no tenemos que decir todo lo que sabemos.

2. *No tenemos que decir todo lo que pensamos.* Algunas personas creen que saben más sobre cada tema que cualquier otra persona y creen que es su deber exponerlo con elocuencia cada vez que se presente la oportunidad. Cualquier tema que aparezca en la

conversación, ya sea el mercado de valores, las computadoras, la justicia penal, el fútbol, la política o la religión, creen que tienen la primera y última palabra sobre el asunto. Y, por supuesto, te lo informan.

Podemos caer en este hábito involuntariamente, pero tenemos que estar atentos. Hace varios años, mi hermana le dijo a su único hermano: «Por una vez me gustaría hablar de un tema de conversación sin tener que escucharte pontificar sobre ello durante quince minutos». El único hermano de mi hermana ha hecho todo lo posible para seguir su sugerencia.

¿Recuerdas al personaje del programa televisivo Cheers llamado Cliff Clavin? Constantemente decía en voz alta todo lo que estaba pensando. Sin importar qué tema surgiera en la conversación, él tenía algo que decir al respecto. Era una autoproclamada autoridad en cualquier cosa. Debido a eso, también era objeto de muchas bromas. Escuché a alguien decir que en casi todos los grupos de amigos hay alguien como Cliff Clavin. Si observas a tu grupo de amigos y no ves a alguien como él, tal vez deberías mirarte a ti mismo. Puedes ser esa persona. No tenemos que decir todo lo que pensamos. Antes de hablar, debemos tener presente este principio: el silencio parece conocimiento. Por tanto, recuerda pensar primero y hablar en segundo lugar.

3. *Podemos dar la impresión de que somos sabios si guardamos silencio.* Salomón nos dice que «Hasta un necio pasa por sabio si guarda silencio». Tomé este versículo en consideración hace unos años cuando comencé un nuevo trabajo con una compañía de publicación de software. Estábamos desarrollando un nuevo producto en una empresa conjuntamente con IBM, y mi primera semana en el trabajo la pasé en sesiones de planificación de todo el día en la planta de IBM en Lexington, Kentucky. En ese momento mi conocimiento de computadoras era extremadamente limitado. Podría deletrear «IBM», eso era todo lo que sabía sobre computadoras. A medida que pasábamos esas sesiones de ocho horas día tras día, los términos que

no entendía seguían volando por el aire, como «configurar un software», «legibilidad de OCR», «almacenamiento en búfer de archivos», y así sucesivamente. Durante las reuniones seguí asintiendo con la cabeza y diciendo cosas como: «No puedo alegar eso». Luego, cuando comenzamos a discutir partes del proyecto sobre las que realmente sabía algo, pude hacer una contribución significativa. Mis comentarios tuvieron más peso porque no había perdido mi credibilidad al tratar de hablar sobre algo de lo que no sabía nada.

4. *No tenemos que repetir todo lo que escuchamos.* El problema con la repetición de chismes es la posibilidad de que lo que escuchamos no sea del todo cierto. El chisme tiende a embellecerse a medida que se transmite de una persona a otra.

El chisme es un tema que no tomamos lo suficientemente en serio. Decimos cosas como: «Voy a visitar a Fulano y ponerme al día con los últimos chismes». Decimos que no hay nada de malo en hacer eso. Hasta cierto punto, «ponerse al día con los chismes» es solo una forma de hablar, pero con demasiada frecuencia es una descripción demasiado precisa de la forma en que conversamos. ¿Sabes lo que dice Salomón sobre los chismes? «El perverso provoca contiendas, y el chismoso divide a los buenos amigos» (Proverbios 16:28). Eso es algo en lo que pensar. ¿Alguna vez se nos ocurre que cuando decimos cosas malas acerca de alguien, Dios considera nuestras acciones pervertidas? Puede parecer difícil de creer, pero eso es lo que dice la Biblia. En mi humilde opinión, cuanto más verdadero sea, cuanto más jugoso sea, más despreciable es para Dios cuando repetimos un chisme. Dios preferiría que nos quedáramos callados al respecto.

Otro de los proverbios de Salomón nos dice que «El que perdona la ofensa cultiva el amor; el que insiste en la ofensa divide a los amigos» (Proverbios 17:9). Repetir todo lo que escuchamos destruye las amistades. Es por eso que debemos pensar antes de hablar y considerar si debemos decir algo en absoluto. No tenemos que repetir todo lo que escuchemos.

DEBEMOS CONSIDERAR SI TENEMOS
TODOS LOS HECHOS

El primer paso para controlar nuestra boca es considerar no decir nada en absoluto. El segundo paso es distinguir si tenemos todos los hechos o no.

Richard Jewell fue el oficial de seguridad que apareció por primera vez cuando estalló la bomba en los Juegos Olímpicos de 1996, en Atlanta. Actuó concienzuda y valientemente, por lo que fue en efecto un gran héroe. Luego, como es típico en tales eventos, el FBI tuvo sospechas sobre Jewell y comenzó a considerarlo sospechoso del atentado.

El FBI estaba haciendo su trabajo al sospechar de todos. Sin embargo, los medios enloquecieron con la historia. El periódico *The Atlanta Journal-Constitution* imprimió una historia llena de insinuaciones y comentarios engañosos. El *New York Post* lo calificó como «un oficial gordo y exsheriff fallido» en una historia que cruzó la línea entre informar que era posible sospechoso y declararlo culpable. Incluso el ex presentador de noticias Tom Brokaw comprometió su credibilidad al decir: «Probablemente tengan lo suficiente para arrestarlo ahora mismo, hasta lo suficiente como para procesarlo. Pero siempre quieres lo suficiente como para condenarlo».

Resultó que Richard Jewell no puso la bomba. Él realmente fue un héroe. Puso su vida en peligro para salvar a otras personas y la prensa lo hizo trizas. Por una vez, los medios se hicieron responsables de sus mentiras. Varias organizaciones de noticias, incluida la televisora NBC, llegaron a un acuerdo con Jewell por un monto no revelado para no enfrentar la humillación de un juicio público.

Este evento nos enseñó un par de cosas. Por ejemplo, solo porque Tom Brokaw diga algo, no significa que sea verdad. Debemos recordar que cuando vemos las noticias, hay una posibilidad muy real de que recibamos solo una fracción de la historia.

Otra cosa que nos enseñó fue que podemos hacer mucho daño si hablamos antes de tener los hechos verificados, por lo que algunos de los daños causados por la especulación y el hablar de más volverán a nuestro camino. Puede que nunca nos encontremos en el tipo de embrollos en que estuvo NBC tras informar mentiras sobre Richard Jewel, pero podemos estar seguros de que si abrimos la boca antes de conocer los hechos, estamos cortejando el desastre para nosotros y todos los demás involucrados. Como dice Salomón: «Es necio y vergonzoso responder antes de escuchar» (Proverbios 18:13).

Recuerdo que hace unos años vi a mi jefe explotar en adjetivos calificativos porque pensó que una empresa de suministros le había cobrado demasiado. Le gritó al empleado que debió haber captado el «error», luego llamó a la empresa de suministros y les gritó por un tiempo, y hasta canceló su contrato con ellos. Poco tiempo después, descubrió que estaba equivocado. Intentó disculparse con el empleado, pero ya era demasiado tarde. Ya había entregado su renuncia. Llamó a la empresa de suministros y pidió que se reestableciera su contrato. Le dijeron que lo renovarían, pero bajo otras condiciones. Los quince minutos que pasó equivocándose con su molestia terminaron costándole caros.

Eso me recuerda otro de los proverbios de Salomón: «De la boca del necio brota arrogancia; los labios del sabio son su propia protección» (Proverbios 14:3).

Es por eso que tenemos que pensar primero y hablar después. Asegurémonos de tener todos los hechos verificados. Recuerda la sabiduría de Salomón: «El que es entendido refrena sus palabras» (Proverbios 17:27). Antes de abrir la boca, debemos considerar cuidadosamente si tenemos o no los hechos completamente verificados.

DEBEMOS CONSIDERAR EL MEJOR MODO DE DECIR LO QUE SE NECESITA DECIR

Este es el tercer paso para controlar tu boca. No vivimos en un mundo como el de Pollyanna, por lo que a veces tenemos que decir algunas cosas que no son agradables. Pero nuestras palabras tendrán más peso si nos esforzamos por decirlas bien. Como dice Proverbios: «Es muy grato dar la respuesta adecuada, y más grato aún cuando es oportuna» (Proverbios 15:23). Se necesita un gran esfuerzo y mucha reflexión para asegurarnos de decir lo correcto de la manera apropiada.

Un policía estatal detuvo a un hombre y a su esposa por exceso de velocidad en una carretera desierta. Como el camino estaba despejado y el tiempo era bueno, el policía les dijo que los dejaría ir y que solo les daría una advertencia. Incluso felicitó al hombre y a su esposa por llevar puesto el cinturón de seguridad. En ese momento, la mujer se inclinó y dijo: «Bueno, señor agente, cuando uno maneja a la velocidad que veníamos, hay que usar el cinturón de seguridad». Fue entonces cuando el oficial decidió hacerles la multa, después de todo.

Ese es un ejemplo de lo que puede pasar cuando no pensamos antes de hablar. También es un ejemplo de no considerar la mejor manera de decir algo.

Hay una antigua historia sobre un hombre que le preparó un emparedado a su esposa. Uno de los pedazos de pan que usó fue la tapa, que tiene la costra del pan completamente. Cuando le dio el emparedado, ella estalló y dijo: «Estoy harta de que me des la tapa del pan en cada emparedado que preparas. Has estado haciendo eso por veinte años. ¿Por qué insistes en hacerme eso todo el tiempo?» El esposo la miró y le dijo en voz baja: «Porque es mi pieza favorita».

Ahora, ese tipo sabía decir lo correcto. Aparentemente entendió lo que Salomón quiso expresar cuando dijo: «La respuesta amable calma el enojo, pero la agresiva echa leña al fuego» (Proverbios 15:1).

Si necesitas confrontar a tu cónyuge, a tu hijo o a un empleado en cuanto a un problema en su relación, debes tomarte el tiempo para encontrar la manera correcta de hacerlo. Debes preguntarte: «¿Cómo puedo decir esto de manera que construya y anime a hacer lo que es mejor para ellos?»

Una mujer me dijo cierta vez: «Mi marido tiene una manera de decirme que haga las cosas que me obliga a hacer exactamente lo contrario». Un cavernícola podría decir que la esposa de ese hombre necesita aprender a someterse. Pero me inclinaría más a decir que el esposo necesita aprender a comunicarse con su esposa de una manera más amable.

Busquemos la mejor manera de decir lo que se necesita decir. Leemos en Proverbios: «En la lengua hay poder de vida y muerte; quienes la aman comerán de su fruto» (18:21). Cuando hablamos entre nosotros, debemos tener estas palabras presentes.

DEBEMOS PENSAR SIEMPRE
ANTES DE HABLAR

La Biblia dice tanto acerca de hablar con cuidado que podría escribir un libro sobre este tema solamente. Las palabras tienen un poder tremendo, por eso debemos asegurarnos de usarlas con cuidado. Salomón nos dice: «El que refrena su lengua protege su vida, pero el ligero de labios provoca su ruina» (Proverbios 13:3).

No es verdad que Dios solo nos da cierta cantidad de palabras para hablar en la vida. No es cierto que cuando nuestras palabras se agotan, nuestra vida llega a su fin, lo que sí es cierto es que existe un gran peligro al hablar demasiado, sobre todo cuando hablamos antes de pensar. Como dice Salomón: «El que mucho habla, mucho yerra; el que es sabio refrena su lengua» (Proverbios 10:19).

No tenemos que hacer un voto de silencio, pero todos nos beneficiaríamos si nos comprometemos a pensar primero y hablar en segundo lugar. Y mientras pensamos, podemos considerar si debemos decir algo o no. Podemos considerar si tenemos o no todos los hechos verificados y cuál es la mejor manera de decir lo que se necesita decir. Al proteger nuestros labios de esa manera, protegemos nuestras vidas, fortalecemos nuestras relaciones y edificamos a otros para que caminen más cerca con Cristo.

TERCERA PARTE

COSAS Y DESVÍOS

No hace mucho tiempo, el puente de la Autopista Interestatal 5 de cuatro carriles sobre el río Skagit, cerca de Mount Vernon, Washington, colapsó repentinamente y cayó a quince metros de profundidad en el río.

Una noticia de la agencia de prensa Associated Press informó al día siguiente que «Dan Sligh y su esposa iban en su camioneta por la Interestatal 5 rumbo a un campamento, cuando el puente frente a ellos desapareció en medio de una "gran nube de polvo"».

«"Apreté el freno y salimos", dijo Sligh a los periodistas desde el hospital, agregando que "vio el agua aproximarse… me agarré tan fuerte como pude"».[10] No hay una unidad de GPS o aplicación cartográfica de teléfonos inteligentes en el mundo que pudiera haber ayudado a Dan Sligh y a su esposa en el momento previo a los trecientos cuarenta metros de largo del puente de acero que de repente se sumergió en aquellas frías aguas.

Las cosas pasan. Los problemas brotan de un cielo azul y tranquilo. E incluso los apoyos en nuestra vida que imaginamos robustos y que simplemente suponemos que están en excelente estado, pueden colapsar bajo nuestros pies.

Nada es seguro en esta travesía, excepto nuestro Dios, nuestro destino final, y el simple hecho de que tendremos problemas en el camino. Jesús mismo lo dijo: «En este mundo afrontarán aflicciones, pero ¡anímense! Yo he vencido al mundo» (Juan 16:33).

En esta sección, Tullian Tchividjian, Gordon MacDonald y Mark Buchanan nos alientan con sus experiencias para enfrentar problemas y dificultades inesperadas que retrasan nuestros planes o nos envían a un desvío accidentado a través de un paisaje desconocido.

9

COSAS QUE PASAN

Lo que el sufrimiento hará por ti

TULLIAN TCHIVIDJIAN

Cada vez que predico en un libro de la Biblia, enfatizo al principio que si no entendemos el contexto de todo el libro, podríamos perder la pista de hacia dónde vamos una vez que observemos varias partes y detalles. Es importante que entendamos por qué Dios inspiró a que se escribiera el libro de Job. Echemos un vistazo a Job 1:13-22:

> Llegó el día en que los hijos y las hijas de Job celebraban un banquete en casa de su hermano mayor. Entonces un mensajero llegó a decirle a Job: «Mientras los bueyes araban y los asnos pastaban por allí cerca, nos atacaron los de Sabá y se los llevaron. A los criados los mataron a filo de espada. ¡Solo yo pude escapar, y ahora vengo a contárselo a usted!» No había terminado de hablar este mensajero cuando uno más llegó y dijo: «Del cielo cayó un rayo que calcinó a las ovejas y a los criados. ¡Solo yo pude escapar para venir a contárselo!» No había terminado de hablar

este mensajero cuando otro más llegó y dijo: «Unos saltea-
dores caldeos vinieron y, dividiéndose en tres grupos, se
apoderaron de los camellos y se los llevaron. A los criados
los mataron a filo de espada. ¡Solo yo pude escapar, y ahora
vengo a contárselo!» No había terminado de hablar este
mensajero todavía cuando otro llegó y dijo: «Los hijos y las
hijas de usted estaban celebrando un banquete en casa del
mayor de todos ellos cuando, de pronto, un fuerte viento
del desierto dio contra la casa y derribó sus cuatro esqui-
nas. ¡Y la casa cayó sobre los jóvenes, y todos murieron!
¡Solo yo pude escapar, y ahora vengo a contárselo!»

Al llegar a este punto, Job se levantó, se rasgó las vestiduras, se rasuró la cabeza, y luego se dejó caer al suelo en actitud de adoración. Entonces dijo: «Desnudo salí
del vientre de mi madre, y desnudo he de partir. El Señor
ha dado; el Señor ha quitado. ¡Bendito sea el nombre del
Señor!»

A pesar de todo esto, Job no pecó ni le echó la culpa
a Dios.

Este y el siguiente capítulo de Job nos dan una visión exclusiva de algo que sucedió tras bambalinas en el reino celestial. Nos
hablan de una misteriosa conversación entre Dios y el diablo. Job,
el tema de la conversación, no tiene ni idea de lo que sucedió
detrás del escenario. Él solo responde en la escena.

TODOS SOMOS COMO JOB

Al observar la respuesta de Job, podemos sentir el peso de su calamidad. Todos sufrimos como él. Puede que no suframos precisamente como él, pero sufrimos de manera similar.

Por ejemplo, Job no sabía por qué la tragedia lo golpeó de manera tan caprichosa y repentina como sucedió. Acababa de suceder.
No hubo advertencia. Un minuto estaba disfrutando de todas las

bendiciones que Dios le había otorgado y al minuto siguiente todo se lo llevaron de un solo golpe.

La tragedia vino sobre él como ladrón en la noche, tal como viene sobre nosotros. Por lo general, no hay preaviso ni explicación. No sabemos lo que está a la vuelta de la esquina.

Podemos aprender mucho de la forma en que Job responde en su sufrimiento. Somos como él. No sabemos qué va a pasar en nuestras vidas. Es importante entender eso, porque una cosa es que Job responda de la manera en que lo hizo si le hubiesen dado una advertencia y una explicación, y otra cosa es que respondiera de esa manera cuando no le avisaron nada.

EL SUFRIMIENTO HACE AFLORAR
LO QUE ERES REALMENTE

Mi padre solía decir que el carácter se muestra más por nuestras reacciones que por nuestras acciones. Él era psicólogo. Entendía cómo actuaba la gente. Comprendía que de lo que estamos hechos —lo que somos realmente— surge en tiempos de dolor y desesperación. Allen Redpath, un pastor de Chicago, solía decir: «El sabor de una bolsita de té sabe mejor cuando lo pones en agua caliente».

A Job lo pusieron en agua caliente. Puedes fingir ser alguien que no eres. Puedes manipular a las personas para que crean de ti algo que no es verdad. Puedes tener éxito haciendo eso durante mucho tiempo. Pero cuando sufres golpes, cuando el dolor te aflige y cuando se presenta la tragedia, inevitablemente aparece lo que realmente eres. Las máscaras que has estado usando desaparecen. Cualquier pretensión que hayas estado fabricando desaparece. Dios nos hace un favor notable al mostrarnos cómo responde Job a un golpe repentino de sufrimiento. Aprendimos de Job que lo que somos surge cuando reaccionamos al sufrimiento.

La respuesta de Job consta de dos partes: en primer lugar, es emocionalmente real. En segundo lugar, revela la profundidad de su perspectiva teológica. Job bendijo a Dios cuando fue golpeado por el sufrimiento. Él dijo: «Desnudo salí del vientre de mi madre, y desnudo he de partir. El Señor ha dado; el Señor ha quitado. ¡Bendito sea el nombre del Señor!» (Job 1:21). También vemos la profundidad de la perspectiva teológica de Job al final del libro cuando afirma: «De oídas había oído hablar de ti, pero ahora te veo con mis propios ojos» (Job 42:5). A través del sufrimiento, Job vino a ver, conocer y confiar en Dios en maneras que antes no tenía.

El capítulo 1:1-5 prepara el escenario para la historia completa de Job. Aunque fue notable el comienzo del relato, Job aún necesitaba ser salvado, rescatado, redimido y transformado. Todavía tenía que crecer para hacer cosas. Lo mismo ocurre contigo y conmigo. Es lo que llamo la salvación de los salvados. Aquellos que han sido salvos necesitan ser rescatados por Dios diariamente. Job 1:5 nos dice que el patriarca era un hombre notablemente piadoso, pero aun así tenía mucho que aprender. Dios lo llevó a través de una temporada de pruebas para hacerlo más grande, mejor y más brillante de lo que era anteriormente. Job no sabía eso al principio. No pudo ver la luz al final del túnel. Fue golpeado por un tren de carga y todo se le volvió negro. Muchos de ustedes saben exactamente cómo se siente eso.

DIOS ESPERA UNA RESPUESTA REAL AL DOLOR VERDADERO

Veamos la respuesta de Job: «Al llegar a este punto, Job se levantó, se rasgó las vestiduras, se rasuró la cabeza» (Job 1:20). Job no recibió la etapa inicial de malas noticias en agosto, la segunda etapa en septiembre, la tercera en octubre ni la cuarta en noviembre. Recibió todo en el mismo día. Cuando un reportero terminó de explicarle un desastre, el siguiente le dio otro reporte. No solo eso, los informes empeoraron, culminando con la muerte de sus diez hijos. Los diez murieron el mismo día, sin advertencia ni expectativa. La respuesta de Job fue dolorosa. Se rasgó la túnica, se rasuró la cabeza y cayó al suelo, jadeando, con el corazón palpitando. Se sintió absolutamente paralizado.

Hace poco, leí un libro del predicador y teólogo David Jackson titulado *Crying out for Vindication: The Gospel According to Job*, un evangelio según Job. El libro comienza así:

> Descubrí a Job cuando estaba sentado junto a la cama del hospital de mi esposa, esperando que se despertara después de un aborto. Habíamos orado por la seguridad y la salvación del niño desde antes de que fuera concebido. Habíamos orado toda la noche para que el niño sobreviviera a la crisis actual. La respuesta fue negativa. Me senté allí, viendo por la ventana del hospital un bello amanecer, cuando vi un pájaro volar sobre el cielo despejado con el sol naciente de fondo y le pregunté al Señor: «¿Cómo es posible que ese miserable pájaro pueda volar por ese cielo y nuestro hijo, que fue hecho a tu imagen, nunca vio la luz del día?»[11]

Cuando el dolor y la tragedia golpean, Dios espera de nosotros una respuesta emocionalmente genuina. El sufrimiento es insoslayable, inevitable. Ninguno de nosotros puede escapar de él. El dolor puede ser intenso a veces, como en los casos de muerte, enfermedad, depresión y divorcio; pero incluso en ausencia de una crisis severa, es constante. La mayoría de nosotros nos hemos acostumbrado tanto al perenne golpear del sufrimiento y el dolor que ni siquiera nos damos cuenta de que es constante. Pero la verdad es que somos personas quebrantadas que vivimos en un mundo caído con otras personas en las mismas condiciones. Tú y yo, cristianos o no, nunca hemos conocido un día en el que el sufrimiento esté completamente ausente. Debido al pecado, todos los días que vives, desde el que naciste hasta el de tu muerte, no es lo que debería ser. Mis continuas luchas con otros, con Dios y con las circunstancias son parte del sufrimiento. El sufrimiento es mucho más que una tragedia repentina. La vida en este mundo roto es puro sufrimiento. El dolor es constante porque nada es lo que debería ser.

Job —en una serie de golpes rápidos e importantes— pierde su riqueza, sus hijos, su reputación y su salud (vemos esto en el capítulo 2). Cuando Job responde al rasgarse la túnica, afeitarse la cabeza y caer al suelo, es importante notar que su arrebato no es condenado. «A pesar de todo esto, Job no pecó ni le echó la culpa a Dios» (Job 1:22). Dios no mira el estallido emocional de Job ni le dice: «Vamos, aférrate a ti mismo. Madura. Sé hombre. ¿No sabes que soy Dios, y todo esto se ha hecho por una buena razón?»

Dios no dijo nada de eso. La Biblia dice: «A pesar de todo esto, Job no pecó». El sufrimiento es real y doloroso. No es imaginario. Según la Biblia, es una parte cotidiana de nuestra experiencia como cristianos. En ningún lado la Escritura trata ligeramente el dolor. Dios nunca sanciona una postura de «aguanta y lidia con eso» respecto al dolor. El dolor es real; tú no quieres cometer el error que cometieron los amigos de Job. Ellos aconsejaron a Job extraordinariamente hasta que intentaron explicar la razón de su sufrimiento. Durante los primeros siete días, simplemente se sentaron con Job en silencio, llorando con él sin tratar de dar una explicación a lo que había sucedido. No tenían idea de lo que sucedía tras el velo celestial. Entonces comenzaron a especular con arrogancia.

No actuamos con madurez teológica si siempre estamos tratando de encontrar una explicación. Nadie, excepto Dios, el diablo y los ángeles en las cortes del cielo, sabían por qué Job experimentó tal sufrimiento. Sus amigos no lo sabían, su esposa tampoco, sus sirvientes menos y él muchísimo menos aun. Y como veremos más de treinta capítulos adelante, Job y sus amigos gastaron muchas palabras tratando de descubrir por qué tales calamidades golpearon al patriarca. Es más, se les ocurrió una explicación razonable de por qué él sufrió, como si eso aliviara el dolor.

A menudo hablo con personas que dicen: «Si pudiera saber, por parte de Dios, por qué estoy sufriendo, podría soportarlo». Creen que una explicación divina aliviaría su dolor. Pero entonces tu esperanza no estaría realmente en Dios; estaría en la explicación.

Si vas a la tumba queriendo entender la razón del dolor es porque no confías en Dios. Las explicaciones son un sustituto de la confianza.

EL DUELO ES UN ACTO DE ADORACIÓN

Después de que todas estas calamidades golpearon a Job, leemos: «Y [él] adoró» (Job 1:20, RVR1960). La ubicación de la palabra adoró en el contexto de este pasaje implica que la expresión afligida de Job fue en sí misma un acto de adoración. Las Escrituras no dicen que él se desconsoló, lo superó y luego lo adoró. La expresión de dolor de Job, el desgarrar las costuras de su vestimenta, era en sí mismo un acto de adoración. ¿Cómo puede ser eso? El dolor es un reconocimiento emocional de que las cosas no son como deberían ser. El dolor reconoce que la forma en que Dios quiso que las cosas fueran originalmente no resultó así. El dolor implica un recuerdo lejano de cómo era el mundo antes de la desobediencia de Adán y Eva, un mundo lleno de justicia, gracia y misericordia. El dolor también implica un clamor por lo que algún día será una realidad universal: un mundo sin dolor, enfermedad ni conflicto.

Puede que no te des cuenta, pero eso es lo que sucede cuando te afliges. Reconoces que el sufrimiento no debería suceder. Todos tenemos un ideal de cómo deberían ser las cosas, ideal que proviene de Dios, porque fuiste hecho a su imagen. Ya sea que tengas una relación con Jesús o no, todavía hay algo dentro de ti que reconoce que el sufrimiento no es natural.

Por tanto, el duelo cristiano es un acto de adoración puesto que es una declaración de fe de que algún día las cosas no serán así. Romanos 8 nos dice que toda la creación gime por la redención y que «aguardamos nuestra adopción como hijos, es decir, la redención de nuestro cuerpo». El duelo cristiano es un clamor por la renovación del ideal de la creación. Estamos bajo maldición y añoramos ese día en que Jesús regrese para hacer todas las cosas nuevas.

Te des cuenta o no, esa es la canción que subyace en tu duelo, una que clama por el regreso de Cristo. Dios originalmente no creó un mundo en el que los niños murieran ni las cosas fueran robadas ni se perdieran. Nuestro pecado y nuestra desobediencia hicieron que las cosas en este mundo se complicaran. La historia de la Biblia es así: primera parte, Dios creó todas las cosas buenas. Segunda parte, nuestro pecado destrozó todo lo bueno que Dios hizo. Tercera parte, la redención en Cristo hace que todas las cosas sean nuevas.

Un día Jesús vendrá de nuevo a arreglar todo lo que destrozamos. Él volverá a poner este mundo en orden. Me encanta cómo lo muestra el escritor C. S. Lewis en su obra *El león, la bruja y el ropero*. Narnia estaba cubierta de nieve porque estaba bajo la maldición de la bruja Blanca. Siempre era invierno, nunca Navidad. Cuando Aslan, el legítimo gobernante de Narnia, comenzó a acercarse a la tierra oscura y maldita, la nieve comenzó a derretirse. La bruja Blanca ya no podía operar en su trineo. Este no funcionaba en la hierba ni entre las flores.

Cuando Jesús, nuestro Rey, regrese, volverá a unir este mundo roto. No tienes que avergonzarte de tu dolor, porque tu dolor es un grito para ese día, el día en que disfrutaremos de corazones y mentes inmaculadas con cuerpos libres de enfermedades. Todo lo que causa dolor e incomodidad quedará guardado para siempre.

A veces, al cristianismo se le acusa de ser equivalente al estoicismo. Algunas personas creen que los cristianos no enfrentan las dificultades de la vida. Por desdicha, muchos cristianos son culpables de darle al mundo esa impresión porque creen que debemos ser felices en Jesús todo el tiempo. Lo cual significa que cuando llega el dolor, somos llamados a ponernos una máscara sonriente y decir que Dios es bueno. Ciertamente, Job dice que Dios es bueno, pero lo hace llorando y clamando. Tú no pruebas tu fortaleza y tu hombría reprimiendo tu dolor. No serás útil a alguien que experimente dolor si le dices: «Pero… eres cristiano, sonríe. ¿No sabes que Dios es bueno todo el tiempo?» Sí, Dios es bueno todo el tiempo, pero el sufrimiento en este mundo caído no lo es. Es por eso que Dios ordena las lágrimas.

La cruz de Jesús demuestra que cuando se trata de dolor y sufrimiento, Dios no es insensible. El Padre ordenó las lágrimas del Hijo en el huerto de Getsemaní. No puedes mirar la cruz y las siete palabras de nuestro Salvador cuando se aferró a ella y dijo que Dios no ordenó el dolor de Jesús. El Señor sabía, mientras estaba en la cruz, que era solo cuestión de tiempo antes de que el dolor terminara, antes que la ira de su Padre hubiera sido absorbida. Sabía que la resurrección estaba por venir, sin embargo, aun así expresó pesar y dolor mientras clamaba a su Padre por ayuda.

El cristianismo no es estoicismo. De hecho, cuando investigas otras religiones del mundo, descubres que todas tienen una forma de minimizar la realidad del dolor. El cristianismo es la única religión mundial que adora a un Dios que sufre. Enfrentamos la realidad de frente porque en la persona de Jesucristo, Dios nos ha dado todos los recursos para lidiar con el dolor de una manera que nos permita demostrar el valor de Dios ante el mundo que observa.

CÓMO ENTENDER LA GRACIA DE DIOS

La respuesta de Job no solo es emocionalmente real, también es teológicamente profunda. La primera parte se espera: «Job se levantó, se rasgó las vestiduras, se rasuró la cabeza, y luego se dejó caer al suelo» (Job 1:20). Llorar en voz alta, sentarse en polvo y cenizas, afeitarse la cabeza y rasgarse la vestidura era una expresión normal de dolor en el antiguo Cercano Oriente. En la Biblia, la gente se afligía cubriéndose en polvo y cenizas. Era una expresión de que estaban hechos de polvo y que al polvo volverían. Somos criaturas, somos falibles, finitos y, sin Dios, estamos completamente deshechos. Tanto si eres cristiano como si no, respondes de esa manera en tiempos de tragedia, dolor, dificultad y prueba.

La segunda parte de la respuesta de Job, sin embargo, es absolutamente asombrosa: «Desnudo salí del vientre de mi madre, y desnudo he de partir. El Señor ha dado; el Señor ha quitado. ¡Bendito sea el nombre del Señor!»(Job 1:21). No es necesario que conozcas a Dios para responder al dolor de la manera esperada, ya que el dolor de Job se describe por primera vez. Pero puedes responder como lo hace con la segunda manera solo si conoces a Dios. No importa cuán fuerte seas, no tienes los recursos para lidiar con una ola de dolor y mantenerte en pie. Job podría responder de la forma en que lo hizo en el versículo 21, solo porque conocía a Dios.

Es importante ver las dos partes de la reacción de Job porque si no tuviéramos la primera, concluiríamos que la segunda era simplemente la expresión de su conmoción. Si solo tuviéramos la segunda parte sin la primera, asumiríamos que Job enloqueció cuando dijo: «Desnudo salí del vientre de mi madre, y desnudo he de partir. El Señor ha dado; el Señor ha quitado. ¡Bendito sea el nombre del Señor!» Si no supiéramos la primera parte de la reacción de Job, asumiríamos que no entendió lo que realmente sucedió. Dios cuidadosamente, con generosidad y amablemente, permite el arrebato emocional de Job ante su expresión de adoración y profundidad teológica. La segunda parte de la respuesta de Job es tan real como la primera. Si no tuviéramos la primera parte, miraríamos la segunda, nos encogeríamos de hombros y diríamos: «Está en estado de shock. Una vez que sepa lo que sucedió, ya no responderá de esa manera».

Podemos responder con dignidad en tiempos de prueba aunque estemos en estado de shock. La mayoría de nosotros no nos damos cuenta completamente de lo que sucedió hasta que ha pasado algún tiempo. Esto es especialmente cierto cuando los seres queridos fallecen. Lo vivimos en carne propia mi esposa, Kim, y yo cuando su padre murió hace varios años. Ella fue muy fuerte ante el resto de su familia los primeros doce días tras el fallecimiento. Pero después de eso, se derrumbó. Dios ordenó eso para que en el momento de la conmoción ella pudiera ser fuerte. Pero luego llegó el tiempo de lidiar con el dolor de la muerte de su padre. La mayoría de nosotros lidiamos con el dolor, la tragedia, el juicio y la tribulación mucho después del suceso. Por lo general, toma un período prolongado de tiempo para procesar lo que sucedió.

Job comprueba que es posible mantener la alegría durante el sufrimiento. Pero debemos darnos cuenta de que eso no es lo mismo que ignorar el dolor. Job demuestra que es posible absorber el dolor y mantener la alegría. En su Segunda Carta a los Corintios, Pablo afirma: «Estamos atribulados en todo». Él no dice que estamos afligidos de alguna manera. Dice: «Estamos atribulados en todo, mas no angustiados; en apuros, mas no desesperados; perseguidos, mas no desamparados; derribados, pero no destruidos» (2 Corintios 4:8-9, RVR1960). Luego dice: «Por tanto, no desmayamos; antes aunque este nuestro hombre exterior se va desgastando, el interior no obstante se renueva de día en día. Porque esta leve tribulación momentánea produce en nosotros un cada vez más excelente y eterno peso de gloria» (2 Corintios 4:16-17). Luego Pablo continúa diciendo: «no mirando nosotros las cosas que se ven» (2 Corintios 4:18, RVR1960). No podemos mirar a nuestros hijos, nuestra riqueza, nuestra salud o nuestra condición en este mundo por nuestra seguridad, identidad y valor. Nuestro valor, valor e identidad se encuentran en las cosas que no se ven y son eternas.

El apóstol Pablo sufrió probablemente más de lo que la mayoría de nosotros sufrirá alguna vez. Sufrió en tres naufragios. Y pudo decir: «Para mí el vivir es Cristo y el morir es ganancia» (Filipenses 1:21).

Es de vital importancia para nosotros que nos percatemos de que el sufrimiento en sí mismo no nos quita la alegría; en cambio, la idolatría sí. Si estás enojado, amargado y sin alegría en medio de tu sufrimiento, significa que has idolatrado todo lo que has perdido. La falta de alegría y la amargura en el crisol del sufrimiento ocurren cuando perdemos algo que hemos querido con más fuerza que Dios.

EL SUFRIMIENTO TRAE LIBERTAD

Deseo que cada cristiano experimente la libertad de Job: su rescate de la amargura y la ira en medio del sufrimiento. Por lo tanto, déjame hacerte algunas preguntas para un diagnóstico. ¿De qué manera tu actual desilusión, desaliento o dolor reflejan lo que realmente ha cautivado tu corazón? Cuando dependemos de algo más pequeño que Dios para que nos proporcione la seguridad, la importancia, el significado y el valor que anhelamos, Él nos mostrará su amor por nosotros quitándonos esas cosas. Se las llevará, no porque esté enojado, sino porque nos ama y quiere que disfrutemos de la libertad y la seguridad que proviene de conocer a Jesús.

En lugar de acudir a Jesús en busca de nuestro significado y nuestra valía, a menudo recurrimos a cosas insignificantes. Cuando eso sucede, nos convertimos en esclavos. Dios nos persigue en la persona de Jesucristo, no con enojo para despojarnos de nuestra libertad, sino afectuosamente para despojarnos de nuestra esclavitud de modo que podamos ser verdaderamente libres. Esas son buenas noticias. La razón de nuestra ira y nuestra amargura al crisol del sufrimiento es que Dios nos está abriendo las manos para quitarnos algo con lo que nos hemos agarrado tan firmemente que no nos hemos sostenido en Él.

¿Cómo sobrevivió Job a toda esa calamidad? Sobrevivió porque tenía una robusta teología de la gracia. Si no sabes qué es la gracia, no entenderás a Job. Job sabía que no tenía derecho a nada de lo que poseía. Dios retuvo el título de todas sus pertenencias. Job fue simplemente un mayordomo. En Job 1:1-5 vemos que él era un buen padre: oraba por sus hijos. Era generoso. Le daba a Dios crédito, honor y gloria por ser lo que era. La teología de la gracia de Job le permitió decir: «Desnudo salí del vientre de mi madre, y desnudo he de partir. El Señor ha dado; el Señor ha quitado». Si hubiera creído que era dueño de sus hijos, de su ganado, etc., habría vivido con cierto sentido de pertenencia o derechos propios. Habría respondido a su sufrimiento creyendo que se merecía algo mejor. La gracia es lo opuesto al derecho. Aunque Job amaba a sus hijos, su salud y su riqueza, se dio cuenta de que solo era administrador de esas cosas. Él no tenía su identidad ni su valor en las posesiones.

Si la base de tu felicidad es tu vocación, tus relaciones o tu dinero, entonces el sufrimiento te quita tu fuente de alegría. Pero si tu máximo valor en la vida es Dios, entonces el sufrimiento te conduce más cerca de la fuente de alegría que es Dios. El sufrimiento muestra los fundamentos de tu vida.

Hace siete años, después de cuarenta y uno de matrimonio, mis padres se divorciaron. No fue por infidelidad ni abuso, ni en lo físico ni en lo emocional. Mi familia y yo todavía nos rascamos la cabeza y nos preguntamos exactamente qué pasó. ¿Fue realmente un caso de diferencias irreconciliables? No creo que eso sea posible para los cristianos debido al poder del evangelio. Fue un momento increíblemente doloroso para mis hermanos y para mí. Experimentamos un hogar feliz, saludable y amoroso mientras crecimos. Tuvimos padres extraordinarios y nos brindaron la estabilidad que necesitábamos cuando niños. No sé lo que es para una madre y un padre pasar por un divorcio mientras sus hijos son pequeños. Todo lo que sé es que es extraño ver a tus padres divorciarse en la etapa de la vida en la que tienes que explicárselo a tus propios hijos.

La Biblia dice claramente que Dios odia el divorcio. Su corazón llora. No había nada en el divorcio de mis padres que pareciera redentor. No podía entender por qué Dios permitió que sucediera. Estaba luchando con toda la situación, no solo porque me entristecía que mi madre y mi padre aparentemente no pudieran cumplir los votos que se hicieron el uno al otro cuarenta y un años atrás, sino porque parte de mi identidad estaba envuelta en ser el hijo de mis padres. Me sentí importante debido a su posición en la sociedad. Mi mamá y mi papá eran notables ciudadanos y gente de la iglesia. Su reputación me hizo sentir valioso. Me di cuenta años más tarde de que gran parte de la devastación que había experimentado se debía al hecho de que había idolatrado a mis padres y su reputación.

Cuando entiendes la gracia de Dios, que todo lo que necesitas está en Cristo, entonces el dolor conduce a la libertad. Cuando entiendes la gracia de Dios, te das cuenta de que el sufrimiento profundo, por malo que sea, dirige a una profunda rendición. Tu dolor puede conducir a la esclavitud o a la libertad. No importa si alguien te hizo daño o si te perjudicaste a ti mismo. A ese punto, las circunstancias de tu dolor se vuelven irrelevantes. El sufrimiento muestra de qué estás hecho y aquello a lo que te aferras se vuelve relevante. En el crisol del sufrimiento, puedes volverte amargo o mejor. Puedes convertirte en esclavo de ti mismo, con un sentido de pertenencia, o puedes ser liberado por una comprensión bíblica de la gracia.

Esto significa que a veces Dios realmente nos salva cuando siente que nos está matando. Esto se muestra más perfectamente en la cruz. Este es un mundo roto. Está en mal estado, por lo que estás en mal estado. Todo el mundo a tu alrededor está en malas condiciones. Necesitas ayuda, ayuda de otro mundo. En la persona de Jesucristo, Dios ha provisto esa ayuda. La muerte de Cristo da vida a los pecadores como tú y como yo. ¿Lo conoces? Nuestro deseo es que todas las personas conozcan a Jesús, y queremos que lo conozcan de tal manera que puedan responder como lo hizo Job en el crisol del sufrimiento: «Desnudo salí del vientre de mi madre, y desnudo he de partir. El Señor ha dado; el Señor ha quitado. ¡Bendito sea el nombre del Señor!»

1 0

EL ARTE DE MANEJAR CONFLICTOS

Cuando el conflicto ocurre donde menos lo esperas

GORDON MACDONALD

Uno de nuestros álbumes familiares contiene una nota escrita hace muchos años por la mejor amiga de nuestra hija, Cindy. Fue escrito cuando las dos tenían ocho años y eran inseparables. Caminaban juntas a la escuela todas las mañanas, disfrutaban de las fiestas de pijamas con frecuencia y se consultaban mutuamente sobre las tareas cada noche.

Hasta que, un día, un pequeño incidente hizo tambalear su amistad. Nuestra hija, impaciente porque Cindy no caminaba lo suficientemente rápido en el trayecto a la escuela, la llamó «lenta».

Fue algo impulsivo, una mala elección de palabras. Uno solo puede adivinar lo que pudo haber significado aquello para Cindy. En cualquier caso, surgió una enemistad instantánea entre las chicas. Esa noche no hubo colaboración en el trabajo a domicilio. Una próxima fiesta de pijamas fue cancelada. Y a la mañana siguiente las chicas fueron a la escuela por diferentes rutas.

Un día después, una nota, la de nuestro álbum, llegó por correo. Dirigido a nuestra hija, decía: «Me llamaste lenta y estoy enojada contigo. Tu [sic] ya no eres mi amiga, Cindy». ¿Podría haber sido Cindy más específica? El problema, sus sentimientos, el estado alterado de la relación, todo está claramente definido en dos oraciones.

La separación duró, como máximo, un día más. Cuando ambas chicas se dieron cuenta de lo mucho que se extrañaban mutuamente, se ofrecieron «disculpas» (una por andar demasiado despacio, la otra por usar el epíteto «lenta») y reanudaron su amistad. Pronto, fue como si nada se hubiera interpuesto entre ellas.

Sin embargo, algo había sucedido; algo había sido aprendido. Una de las niñas cobró conciencia de la importancia de resguardar su lengua para que una palabra errónea no hiriera los sentimientos de los demás. Y la otra aprendió a no reaccionar de forma exagerada en un momento álgido. Lecciones valiosas. Si las recordaran, los «aprendizajes» podrían salvarlas a ambas en muchas de las disputas inevitables que tendrían en el futuro.

Recuerdo que en ese momento pensé que sería bueno que algunos de los adultos en nuestra iglesia pudieran lidiar con sus espinosos problemas tan claramente, tan rápido y tan completamente como lo hicieron las dos niñas. Y lo que deseaba para mi congregación, también lo deseaba para mí. En el campo del conflicto humano, estaba lejos de ser un genio.

EVITA LOS CONFLICTOS

Odiaba el conflicto como les molesta a los niños. Cuando ocurría alguno entre mis padres, a menudo sentía la responsabilidad de tratar de reconciliarlos. Pero nunca tuve éxito porque era incapaz de comprender la complejidad de los problemas subyacentes que tan a menudo los separaban. Cuando el conflicto era entre mis padres y yo, sentía miedo, humillación y una sensación de insignificancia puesto que nunca pareció (al menos a mí) que alguien quisiera escuchar mi versión de la historia u ofrecerme el beneficio de la duda. Cualquiera fuera el problema, cuando los adultos estaban involucrados, yo siempre parecía ser el perdedor.

Por lo tanto, mi forma preferida de manejar el conflicto en mis años más jóvenes se convirtió en una sencilla estrategia: evitarlo. ¿Cómo lo evitaba? Siendo excesivamente agradable y cordial, cuidando de no decir nada que pudiera ofender o crear controversia, retrocediendo rápidamente cuando dos se oponían. Si el conflicto era ineludible, por lo general capitulaba tan pronto como podía y optaba por la paz a cualquier precio. Además, trataba de mantenerme alejado o huir de cualquier relación en la que sintiera la posibilidad de que surgiera polémica.

Me convencí de que ese era el camino cristiano, y que los seguidores de Jesús siempre debían buscar la paz y el amor. Fue así, en su mayor parte, que nadie supo cuando tuve fuertes sentimientos sobre uno u otro tema. Y nadie sabía, cuando aprovechaban mi estrategia no combativa, que estaba herido o enojado por dentro, que me sentía disminuido. Incapaces de discernir eso, simplemente supusieron que era fácil llevarse bien.

Envidiaba a las personas que parecían decir exactamente lo que pensaban sin preocuparse mucho por los resultados. Deseé poder expresar mis sentimientos y defender mis opiniones con tanta fuerza como ellos. Pero incapaz de hacerlo, lo mejor que pude hacer fue guardarme la mayoría de mis opiniones y mis sentimientos.

Cuando me convertí en adulto, comencé a ver que esa política de evitar conflictos ya no podría mantenerse si deseaba un matrimonio saludable o si aspiraba a algún tipo de liderazgo. Estaba en peligro de volverme permanentemente superficial, una persona que no parecía significar nada en absoluto. Esa es la maldición de alguien que teme al desacuerdo.

ENFRENTA EL CONFLICTO

Dos experiencias, en particular, me obligaron a enfrentar esa deficiencia en mi vida.

La primera ocurrió cuando conocí a mi futura esposa, Gail. Me atraía porque era fuerte de espíritu y mente. Disfrutaba de su compañía porque ella poseía puntos de vista de los cuales yo podía extraer sabiduría. La amaba porque afirmaba mis sueños y porque además quería agregar sus aportes. Deseaba compartir la vida con ella puesto que teníamos visiones complementarias sobre cómo se debe lograr esa vida.

Sin embargo, aquí estaba el problema. No puedes acercarte a una persona de la calidad de Gail y desarrollar conexiones como las que acabo de describir si deseas evitar el conflicto toda tu vida. Los enfrentamientos en cuanto a perspectiva y prioridades son simplemente parte del trato si deseas fusionar el futuro con una persona de vitalidad intelectual y espiritual.

Aunque deseaba mucho lo que Gail podría aportar a nuestro matrimonio, llegué a ver que parte de ello vendría a través de la crítica, a través del choque de opiniones y de los juicios adversos, al darme cuenta de que en más de unos pocos casos, ella podría ser más inteligente y más sabia que yo. Eso significaba que tendría que acoger ocasionalmente sus ideas mientras yo rendía las mías.

Un amigo común, sintiendo que estaba luchando con ese asunto, me aconsejó justo antes de nuestra boda: «Dios te ha dado una mujer notable para que te cases. Él quiere enseñarte muchas cosas a través de ella. ¡Escúchala!» Para expresar su punto, repitió. «¡Escúchala! Aunque diga cosas que te resulten difíciles de escuchar». Esa era una información nueva para un hombre algo ingenuo en su comprensión del conflicto.

La clase de escucha de la que hablaba mi amigo significaba que ya no podía huir, ni cubrirme los oídos ni taparme los ojos. Escuchar significa acoger la posibilidad de que pueda estar equivocado o mal informado. Escuchar significaba descubrir que los demás, como Gail por ejemplo, a menudo tenían mejores ideas que las mías.

Por supuesto, había otro lado de ello. Construir un buen matrimonio significaba que también tenía que expresar mi intelecto y mi voluntad con respetuosa claridad. Tenía que afirmar mis convicciones y mis preocupaciones. ¿Cómo puede uno hacer eso si ya se ha decidido por el enfoque agradable y sin conflicto de todo lo que haga o diga?

El segundo incidente involucró a un colega del ministerio. Surgió un problema (que no vale la pena mencionar, ni siquiera bien recordado) entre nosotros, y lo sentí con más fuerza que él. Sin embargo, no me atrevía a exponer mi caso y buscar la justicia que creía merecer. El momento requería una confrontación sincera, pero no pude lograrlo. Esos temores generados por primera vez en mis años de infancia bloquearon todos los intentos que deseaba hacer para sacar el tema a la luz y enfrentarlo.

¿El resultado? Me callé, hosco, retraído en nuestra relación laboral. Por dentro, herví y permití que la amargura echara raíces en mi alma. Pronto estuve bajo la influencia de un espíritu odioso.

Un problema que podría haberse resuelto en una hora de conversación franca se convirtió en un fuego interior, incontrolable, que me afectó por meses. Solo cuando me disgusté, encontré el poder para arrepentirme de mi actitud y para perdonar lo que pensé que era la ofensa de la otra persona.

Encontré esa experiencia tan ingrata que me prometí que nunca más permitiría que sentimientos de ese tipo infestaran mi espíritu. Y durante muchos años, he sido razonablemente exitoso en mantener mi voto.

Mi incipiente matrimonio me enseñó que el conflicto era inevitable, pero que hay una manera ingeniosa de participar en él. Mi experiencia en el ministerio me enseñó que el conflicto, dejado latente, adquirirá vida propia, con un efecto bastante destructivo.

No era fácil sacar el antiguo cableado de lo profundo de mí cuando se trataba de lidiar con situaciones desagradables. Si era mi necesidad de escuchar la verdad o mi necesidad de decirle la verdad a alguien más, todas las antiguas grabaciones de mi infancia aparecían con fuerza en mi mente. Tuve que volver a evaluar toda mi relación con el conflicto. Mi ministerio y hasta mi matrimonio estaban en juego.

REDIME LO MATERIAL SIN
PROCESAR EL CONFLICTO

Poco a poco aprendí lo que puede suceder (y lo que debería suceder) cuando surge un conflicto.

El conflicto puede ser inevitable, pero hay una manera ingeniosa de participar en él.

Al buscar en las Escrituras un mejor entendimiento del conflicto, me sorprendió el número de ocasiones en que las personas buenas (y no tan buenas) cayeron en situaciones similares a las que nuestra hija y su mejor amiga experimentaron.

Adán culpó a Eva por sus problemas, pensando que podría librarse del conflicto. Abraham y Lot dividieron su empresa conjunta debido a la creciente conflictividad entre sus sirvientes. Los hermanos Jacob y Esaú llegaron al punto de resentirse tanto que uno de ellos simplemente se fue de la ciudad. José tuvo un caso legítimo contra sus hermanos, pero decidió ponerle fin con el perdón. Los israelitas constantemente drenaban el espíritu de Moisés con sus quejas. Es posible que hayan dejado Egipto, pero Egipto nunca los dejó a ellos.

Saúl perseguía a David a través del desierto, y Acab expresaba su antipatía por el profeta Micaías; y Nehemías se defendía de los saboteadores.

En el Nuevo Testamento vemos frecuentes disputas entre los discípulos, debates entre los primeros cristianos y desórdenes divisivos en la iglesia de Corinto. Cada uno de esos conflictos era diferente. Muchos terminaron mal (como el de David y Absalón). Otros terminaron con gran gracia, ninguno mejor que la mañana cuando Jesús preparó el desayuno para los discípulos fracasados y les ofreció otra oportunidad de estar en el eje de su misión terrenal.

Cuando catalogo los relatos bíblicos de las personas que tenían desacuerdos, cobro valor al darme cuenta de que no soy el único en mi lucha por salir adelante cuando surge un conflicto. Busqué mentores para aprender a ser un hombre con mayor franqueza. Para saber cómo enfrentar al asociado que estaba bajo mi autoridad organizacional. Para aprender cómo reprender a la persona que necesitaba una firme influencia pastoral. Para dominar la capacidad de expresarme bien con mi joven esposa, de una manera que no la lastimara ni desgarrara su confianza en sí misma.

Al mismo tiempo, quería apreciar las formas en que podía moderar mis emociones y mi tendencia a resistir a aquellos que necesitaban ser francos conmigo. Si iba a ser líder espiritual de una congregación, tendría que adquirir cierta tonalidad de espíritu para poder entablar una conversación desafiante.

Un desayuno con el presidente de la junta directiva de nuestra iglesia agudizó esas intenciones. Era un pastor muy joven, propenso a cometer errores a nivel de principiante. El presidente a menudo se reunía conmigo para ayudarme a ver eso y evaluar diversas formas de hacer las cosas. En ese día en particular, la conversación se volvió difícil y el presidente dijo algunas cosas que yo no quería escuchar. Revelé mis sentimientos de dolor y frustración de una manera poco madura. Nunca olvidaré cómo golpeó con su mano la mesa en que desayunábamos para llamar mi atención y decirme: «Pastor, tienes un problema grave. Eres demasiado sensible a la crítica. Tomas demasiadas cosas personalmente. Si no puede escuchar la verdad y lidiar con ella, no durarás mucho en tu trabajo. Acostúmbrate a las conversaciones difíciles. Nunca estarás sin ellas».

PASOS PARA RESOLVER UN CONFLICTO

Entonces aprendí que el camino del líder, el camino de un buen amigo, el camino de alguien que quiere ser un buen cónyuge es aprender a procesar y lidiar con el conflicto para obtener un resultado positivo, no destructivo. Tuve que aprender a resolver el conflicto de la misma manera que nuestra hija y su amiga Cindy.

Mis propias experiencias me han enseñado que manejar el conflicto es un proceso de cinco pasos. Veamos brevemente cada paso:

1. *Acepta el conflicto* —la colisión de dos o más perspectivas— es un ingrediente necesario de cualquier relación humana. Si conociéramos los corazones de los demás tan bien como lo hiciera el primer hombre o la mujer antes de la caída (que estaban desnudos y no sentían vergüenza), podríamos reducir el conflicto. Pero, así como el iceberg, tenemos demasiadas cosas por debajo que los demás desconocen y que solo aparecen en el momento en que se expresan. Eso es culpa del pecado, tal vez; pero siempre intentamos atraparnos para tratar de entendernos. Así es como viene el conflicto.

2. *Reconoce que cada uno trae su «montón» de experiencias pasadas a tratos actuales.* Es probable que los temores o las humillaciones del pasado influyan en las circunstancias actuales. Por eso, cuando me siento irritado o enojado con alguien, intento rebuscar en mi memoria: ¿hay algún problema de mi pasado que se proyecte en mi presente?

3. *Recuerda que el conflicto no tiene por qué, ni debe ser, un problema de ganar o perder.* He conocido a muchas personas que necesitan ganar cada disputa, dominar cada conversación. A menudo me he preguntado si el apóstol Pablo no era algo así. ¿Siempre tenía que estar en lo cierto?

4. *Decide limitar cualquier tipo de desacuerdo en cuanto al conflicto.* Me resulta tentador, si mi posición es débil, atacar los modos y los medios de la otra persona: cuestionar motivos, quejarme sobre la forma en que me siento tratado, reequilibrar el asunto a mi favor al plantear otros temas.

5. *Llega al punto terminal de un conflicto en el que se digan versiones adultas de «lo siento» y se encuentren soluciones.* A veces eso significa doblarse y comprometerse. Otras veces significa reconocer que el otro fue «más justo» y yo fui el «equivocado». Y después de todo eso, incluso hay momentos en los que podría tener razón, pero en los que es apropiado, por mi gran amor, simplemente renunciar a mis derechos y hacerlo a la manera del otro.

Descubrí que un conflicto saludable debería ser acerca de la enérgica búsqueda de una mejor idea… o de una visión personal…

o de una forma más efectiva de lograr algo. Significa que en la crítica, en el desacuerdo o en la incomprensión, le damos a la otra persona la así llamada suposición caritativa de que ella también busca algo que nos beneficie mutuamente.

El conflicto sobre la asignación de fondos para el socorro de las viudas que amenazaba a la iglesia primitiva es un notable caso de estudio de conflicto constructivo. Un grupo de cristianos (los helenistas) sostenían que los creyentes de Judea discriminaban contra ellos. En vez de tratar de defenderse, los de Judea fueron lo suficientemente sabios como para consultar y crear un plan que fuera grato para todos. ¿El resultado? El liderazgo fue redefinido y reconfigurado (Hechos 6:1-6). Todos recuperaron el respeto mutuo y la iglesia continuó creciendo.

Entre las cosas más difíciles que aprendí sobre el conflicto estaba la suposición de que probablemente había algo de verdad en las opiniones y posiciones de aquellos que, aun cuando estaban en conflicto, podrían parecer por el momento mis peores enemigos.

A través de los años, me di cuenta de que algunas de las ideas más importantes que obtuve de mí mismo no venían de mis amigos sino de mis críticos que, aun cuando actuaban bruscamente, sin embargo me alertaron sobre los puntos ciegos y las deficiencias, cosas que nadie tenía el coraje de decirme.

Sin embargo, habiendo dicho todo esto, queda una cosa más sin decir. El conflicto conlleva un peligro inherente: que al enemigo espiritual (de quien la Biblia dice que busca a quién devorar [1 Pedro 5:8]) le encanta avivar las llamas del conflicto para dividir a las personas buenas y destruir su capacidad de lograr grandes cosas.

Siempre me entristece leer en Hechos 15 la disensión que surgió entre Pablo y Bernabé con respecto a una segunda oportunidad para el joven Juan Marcos. Bernabé representó el caso de una segunda oportunidad; Pablo, el caso de la descalificación. Incapaces de resolver esas diferencias, los hombres se separaron y Bernabé desapareció de las páginas de la historia. ¿Cómo pudieron dos hombres que habían sido tan cercanos, tanto en la amistad como en la pasión apostólica, hacer que su sociedad se disolviera? Eso es un recordatorio urgente para mí de que ninguna relación está exenta de destrucción cuando el conflicto se maneja de manera incorrecta.

Durante muchos años, mi esposa y yo disfrutamos de una amistad con el doctor Paul Rees y su esposa Edith, que vivieron hasta bien entrados sus años noventa antes de pasar a morar con Cristo. El Dr. Rees era reconocido por ser un gran pastor en Minneapolis durante más de treinta años y por viajar por el mundo en nombre de World Vision.

En algún momento durante su nonagésimo año, los dos pasaron un día con Gail y conmigo. En esa ocasión le pregunté al Dr. Rees:

—¿Alguna vez Edith y tú se pelean? Después de todo, han estado casados más de sesenta años.

—Oh, claro que sí —respondió el Dr. Rees—. La mañana de ayer fue un buen ejemplo. Edith y yo estábamos en nuestro auto, y ella conducía. Como no se detuvo en una señal de alto, me dio un susto de muerte.

—Entonces, ¿qué hiciste? —le pregunté.

—Bueno, he amado a Edith durante todos estos años y he aprendido a decirle cosas difíciles. Pero debo tener cuidado porque cuando era niña, su padre siempre le habló con dureza. De modo que hoy, cuando oye una voz varonil que habla enojada, incluso la mía, se siente profundamente herida.

—Pero Paul —le dije—, Edith tiene noventa años. ¿Me estás diciendo que aún recuerda una voz fuerte de hace tanto tiempo?

—Ella recuerda esa voz hoy más que nunca —dijo Rees.

—Entonces, ¿cómo manejaste la situación ayer?

—Ah, simplemente le dije: «Edith, cariño, después de que hayamos dormido la siesta esta tarde, quiero tratar algo contigo». Y cuando nuestra siesta terminó, lo hice. Estaba calmado; ella estaba lista para escuchar, y resolvimos nuestro pequeño problema.

Esas son palabras de un hombre que ha aprendido que el conflicto es necesario, puede ser productivo, pero debe ser manejado con sabiduría y gracia. Cuando llegue a los noventa, espero ser como él. Por eso, para entonces, puedo ser tan bueno manejando el conflicto como una vez lo vimos manejar a nuestra hija y su amiga Cindy.

11

LAS MALAS SITUACIONES SON GRANDES OPORTUNIDADES

*Tu peor pesadilla puede hacer que el
sol de otra persona brille más*

MARK BUCHANAN

Tuve una conversión similar a la del apóstol Pablo.

No había caballos, voces, ceguera, ningún rastro sangriento a mis pies. Pero fue dramática. Algo como escamas cayeron de mis ojos. Me paré a la sombra de la cruz de Cristo y a la luz de su resurrección. Cristo se encontró conmigo, me abrazó, me perdonó y se entregó por mí. Nunca vi hacia atrás.

Eso fue hace más de veinticinco años. Durante dieciocho de esos años he sido pastor, un hecho que aún no ha dejado de sorprenderme: que Dios me tomara a mí, el peor de los pecadores, el más pequeño de los «apóstoles», y me hiciera su nave elegida para llevar su nombre ante reyes y gentiles y amas de casa, dentistas, fontaneros y escolares.

Fui salvo en una iglesia bautista de tamaño mediana, suburbana en sus sentimientos, conservadora en su teología. Era un mundo familiar y extraño para mí. La música era horrible, con letras de tercera categoría y melodías de cuarta, como dice C. S. Lewis que era la música en su iglesia anglicana. La predicación era interminable y a menudo desconcertante, un ejercicio de análisis minucioso sobre puntos doctrinales que, hasta entonces, no sabía que existían. Firmamos el «pacto» de miembro en cuanto a que no beberíamos, no masticaríamos chicle y que no andaríamos con los que sí lo hacen.

Pero me encantó. Me enseñaron la Biblia, con buenos métodos de enseñanza y muy pronto pude analizar doctrinas como cualquiera de ellos. Incluso comenzó a gustarme la música de la iglesia. Y aun más, llegué a tener una conciencia cada vez más profunda del don de Dios, el que me concedió sin ningún mérito propio: que Cristo murió por mí, vive en mí y me prepara un lugar. Soy una nueva creación. Soy un enemigo de Dios que ha sido hecho su hijo y su embajador por la gracia del Padre, la obra de Cristo y la vivificación del Espíritu.

Sin embargo, observo semana tras semana a la congregación que ahora dirijo y me pregunto: ¿Es el evangelio que heredé, y ahora predico, demasiado pequeño? ¿Hay un tocón donde alguna vez estuvo un roble?

Las conversiones que presencio en general no son tan radicales como parecen ser en otros lugares y otros tiempos. Nuestra hambre y sed de justicia, la primera marca de los habitantes del reino, es en su mayor parte anoréxica, y nuestra ansia de reivindicación propia es tan cordial como siempre. Los problemas domésticos parecen ser tan frecuentes entre los evangélicos como entre el público en general. La cantidad de migración entre las congregaciones y el bajo nivel real de crecimiento neto de la iglesia son bochornosas. La voluntad, como lo expresó el apóstol Pablo, de compartir el compañerismo de los sufrimientos de Cristo para que podamos alcanzar la resurrección de entre los muertos está en un punto muy bajo en la mayoría de las iglesias estadounidenses.

ANHELO SER LIBRE

Volvamos a los primeros días de la iglesia, cuando las buenas nuevas eran noticias frescas. Regresemos a una cárcel en la ciudad de Filipos, donde hay dos hombres sentados en el interior de una celda, atados con esposas. Pablo y Silas. Están sangrando. Su cuerpo tiene verdugones como rosas rojas, hematomas oscuros como dalias púrpuras. Y están cantando.

Me los imagino entonando la canción de Wesley: «Maravilloso amor», digamos, pero sé que eso es imposible. Así que tal vez cantaron el himno que Pablo les enseñó a los filipenses: «La actitud de ustedes debe ser como la de Cristo Jesús, quien... se rebajó voluntariamente, tomando la naturaleza de siervo» (Filipenses 2:5-8).

El punto es que están cantando. Y el evangelio está haciendo su trabajo subversivo y transformador. Antes de que termine el día (en realidad, eso sucede alrededor de la medianoche, antes de que apenas haya comenzado), el carcelero está de rodillas, temblando de proa a popa, suplicando a esos dos hombres: «Señores, ¿qué tengo que hacer para ser salvo?» (Hechos 16:30).

Su respuesta es hermosa en su claridad y brevedad: «Cree en el Señor Jesús; así tú y tu familia serán salvos» (Hechos 16:31).

Buenas noticias. El evangelio. Tal como lo escuché y lo abracé, hace más de veinticinco años.

No quiero hacer el evangelio más complicado que eso. Quiero conservar la profunda simplicidad de este evangelio para todos los tiempos. Los salvados nunca pueden significar menos que el perdón de los pecados y la esperanza de la vida eterna mediante la fe en Cristo.

Sin embargo, me pregunto si Dios también quiso que fuera más que esto. La pregunta que me intriga es: ¿qué entendió ese carcelero con la palabra salvo? ¿A qué quería convertirse? ¿Qué vio él en Pablo y Silas que él mismo carecía y ahora anhelaba?

Ahora, es posible que el carcelero, al igual que Nicodemo hablando en la noche con Jesús sobre el renacimiento, como la mujer samaritana en el pozo hablando con Jesús sobre el agua viva, esté confundido. Es posible que su pregunta y la respuesta de Pablo estén a kilómetros de distancia, que todo lo que el carcelero quiere decir es: «¿Cómo puedo salir de este lío?», y Pablo aprovecha el momento para predicar la salvación.

Es posible, pero no lo creo. Creo que el carcelero estuvo escuchando, mirando y calculando toda la noche. Creo que Pablo y Silas encarnan algo que teme creer «a causa de la alegría y del asombro». Creo que Pablo y Silas son para él lo que todos los cristianos deben ser para el mundo: la fragancia de Cristo.

CANTA EN MEDIO DEL DESASTRE

Considera cuatro cosas.

Primero, el carcelero vio a dos hombres alegres por completo aun cuando enfrentaban pruebas de todo tipo, hombres que oraban y cantaban ante la aflicción corporal y la injusticia, cosas que habrían dejado a la mayoría de las personas murmurando y maldiciendo. Pablo y Silas, sin el debido proceso, fueron desnudados y «severamente flagelados» en público. Los romanos tenían un genio especial para ese tipo de cosas (piensa en las escenas de la película *La pasión de Cristo*). Era una tortura brutal unida a una abyecta humillación. La golpiza les dejaría cicatrices e incluso los mutilaría de por vida. Pablo y Silas fueron arrojados rápidamente a la prisión, encerrados en una celda, con los pies en el cepo. Los cepos romanos se diseñaron no solo como medidas de seguridad adicionales, sino como instrumentos de tortura.

¿Cómo respondería yo?, me pregunto. ¿Cómo lo harías tú? Esto es lo que ellos hicieron: «A eso de la medianoche, Pablo y Silas se pusieron a orar y a cantar himnos a Dios, y los otros presos los escuchaban» (Hechos 16:25).

¡Los escuchaban de verdad! ¿Quién de ellos había visto personas tan peculiares, cantando y orando ante un enorme desastre personal? ¿Quién había oído hablar alguna vez de un Dios que, al parecer ausente o indiferente al sufrimiento de esos hombres, sin embargo, provocaba en ellos una devoción tan pura?

En 2006, cinco chicas amish, de entre seis y trece años, fueron asesinadas a tiros por un hombre en el condado de Lancaster, Pensilvania, quien luego se suicidó. El hecho sorprendió al mundo. Pero lo que sucedió después lo sorprendió aun más: toda una comunidad cantaba y oraba. Una comunidad completa que no se inclinó a las represalias, no gritó con ira ni se desmayó por la desesperación, sino que permaneció de pie con tranquila dignidad y profunda calma. La comunidad fue rápida en perdonar. Incluso establecieron un fondo de caridad para la familia del asesino. Vimos un pueblo enfrentando lo peor y dando lo mejor posible.

Gente muy peculiar.

Los prisioneros y, creo, el carcelero fueron testigos de dos hombres así. Y él y ellos deben haber entendido que «salvo» significa, al menos, tener confianza en un Dios que está con nosotros y por nosotros, incluso cuando parezca que nos ha abandonado o nos está castigando. Significa conocer a ese Dios tan personalmente que tenemos motivos para cantar aun cuando no haya una razón terrenal que lo justifique.

Cuando sufrimos, Dios nos capacita para enfrentar lo peor y ser lo mejor posible.

TODOS ESTAMOS AQUÍ

En algún punto de los acontecimientos, el carcelero se duerme. Quizás el canto lo adormeció. Pero se despierta abruptamente por un estremecimiento brutal. Un seísmo, lo suficientemente poderoso como para derrumbar las puertas de la prisión, lo suficientemente fuerte como para romper las cadenas de los prisioneros, hace temblar la casa. El carcelero se despierta, ve lo que sucedió y se prepara para hacer lo que todo soldado romano leal sabe que es lo noble: suicidarse. Prepara su espada para clavársela en el corazón y así salvar de problemas al representante del César. El colapso de la prisión era motivo suficiente para la ejecución de la guardia de la prisión, independientemente de las circunstancias bajo las cuales los prisioneros escaparon.

«Pero Pablo le gritó: ¡No te hagas ningún daño! ¡Todos estamos aquí! El carcelero pidió luz, entró precipitadamente y se echó temblando a los pies de Pablo y de Silas. Luego los sacó y les preguntó: Señores, ¿qué tengo que hacer para ser salvo?» (Hechos 16:27-30).

Este es el punto en el que el carcelero pudo querer decir con la palabra «salvo» algo muy diferente de lo que Pablo responde, pero es más probable que estuviera asombrado por lo que vio: la compasión de esos hombres hacia él, un extraño, incluso enemigo. ¿Por qué les importaba a Pablo y a Silas? ¿Qué posible preocupación tenían ellos si ese hombre cumplía con su deber de soldado? Ese terremoto parece una cosa de Dios, que recuerda la fuga de Pedro de la prisión (donde los guardias fueron ejecutados), milagrosamente escoltado por Pedro, reminiscencia del terremoto que sufrió la fuga de Jesús de la prisión de la muerte. Entonces, ¿por qué no verlo como la intervención de Dios a favor de ellos y como lo que habría de ser?

No te hagas daño todos estamos aquí.

Gente muy peculiar. ¿Qué poder podría hacer que alguien se comportara de esa manera? ¿Qué poder ahora hay en el cosmos que podría romper la adicción de cualquier persona a la autoprotección y hacer que se preocupe, incluso a un gran costo personal, por alguien a quien no tiene motivos para agradar y todas las razones para odiar?

El sufrimiento nos permite saber que Dios nos autoriza, aun cuando nos cueste caro, a amar a los extraños, incluso a los enemigos.

PARALIZADO

Luego están los otros prisioneros, sentados allí cuando nada externo, sin cadenas, sin barrotes, los retiene. Todos estamos aquí. ¿Por qué no huyen? ¿Qué les ata a sus asientos? Me aventuro a pensar que Pablo y Silas han asombrado tanto a los prisioneros como al carcelero y por las mismas razones. Hasta ese momento, es poco probable que uno solo de esos presos haya visto a un hombre siendo golpeado hasta la muerte y estar alabando a Dios. Están paralizados por eso, preguntándose qué extraño poder es el que hace que los hombres actúen en completa contradicción con el sentido común. Están tan paralizados que empiezan a actuar de esa manera también.

El carcelero ve a los prisioneros sin irse a ninguna parte. Ve a unos prisioneros que, horas antes, habrían aprovechado esa oportunidad alegremente, sin pensarlo mucho, ahora sentados, quietos. Si no estaban tan preocupados por el bienestar del carcelero como lo estaban Pablo y Silas, al menos respetan a estos dos lo suficiente como para seguir su ejemplo. El guardia ve hombres duros con corazones severos que de repente actúan en contra de sus instintos más arraigados, y todo porque escucharon durante una hora más o menos a dos hombres profundamente enamorados de Dios.

Dios a menudo emplea el sufrimiento para enternecer y someter al corazón más duro. Y tal vez haya otra cosa que el carcelero quiso decir con el vocablo «salvo». Tal vez sabía lo que había sucedido en la ciudad ese día, los eventos que llevaron a Pablo y Silas a ser golpeados, arrestados y encarcelados. Quizás sabía que esos dos hombres no eran criminales. Que su delito no había sido asesinato, robo o sedición, sino simplemente liberar al cautivo.

Pablo y Silas estaban en prisión porque tuvieron piedad de una esclava, doblemente esclavizada, esclava de sus amos terrenales y del demonio. Ella siguió a Pablo y a Silas por la ciudad, dándoles un gran apoyo: «Estos hombres son siervos del Dios Altísimo, y les anuncian a ustedes el camino de salvación» (Hechos 16:17).

Ella decía la verdad, palabra por palabra. Y su respaldo solo pudo haber ayudado tremendamente a la causa de Pablo: era una «autoridad espiritual» de la localidad, buscada por su clarividencia, su percepción de las cosas ocultas. Según todas las apariencias, el espíritu extraño que estaba en ella estaba sujeto al Espíritu Santo de Dios.

Aun así, era un espíritu extraño el que estaba en ella. Y eso molestó a Pablo. Por eso, en el nombre de Jesús, echó el espíritu de ella. Como sucede tan a menudo en los evangelios y el libro de Hechos, cuando todo el cielo se desata, todo el infierno también lo hace. El incidente provocó disturbios y el resultado fue que Pablo y Silas intercambiaron su libertad por la de ella. Ella fue libre, al menos de la prisión del maligno, y ellos estaban cautivos, al menos en la prisión del estado. Saber que Dios derrota los poderes de la oscuridad nos permite soportar el sufrimiento y estar dispuesto a renunciar a nuestra propia libertad y comodidad por el bien de los demás.

UNA VISLUMBRE DE LA TRANSFORMACIÓN

¿Qué debo hacer para ser salvo?

Cree en Jesús. Sí. Cree en Jesús, para que tus pecados sean perdonados y tu nombre sea escrito en el Libro de la Vida. Por favor, nunca, nunca, en nombre de ninguna ola o moda teológica, hagamos el evangelio menos que esto.

Sin embargo, ¿qué queremos decir con la palabra «salvo»? ¿No incluye también libertad y poder, aquí y ahora, para tener una vida tan transformada que otros vislumbren en ella la posibilidad de su propia transformación? Por favor, permitámonos siempre, en el nombre del Dios que nos salva, decir esto también por el evangelio.

A Arthur Burns, un economista judío de gran influencia en Washington en el mandato de varios presidentes, se le pidió que orara una vez en una reunión de políticos evangélicos. Impresionando a sus anfitriones, oró así: «Señor, oro para que los judíos lleguen a conocer a Jesucristo. Y para que los budistas lleguen a conocer a Jesucristo. Y para que los musulmanes lleguen a conocer a Jesucristo».

Y luego, lo más deslumbrante de todo: «Y Señor, oro para que los cristianos lleguen a conocer a Jesucristo».[12]

Una oración tan buena que yo mismo he empezado a hacerla.

CUARTA PARTE

VIAJA SIN MUCHA CARGA

Si estás planeando una travesía con mochila por el desierto, el primer paso es reunir todo lo que puedas necesitar y colocarlo en la mesa de la cocina.

El segundo paso es deshacerte de la mitad de lo que has reunido. El tercero es deshacerte de la mitad de eso.

Cuando te des cuenta de que todo lo que quieres llevar en tus dos o tres días de caminata va a estar clavado en los músculos de tu hombro colgando de dos tiras, vas a ser un poco más juicioso y considerarás lo que llevas en esa mochila. (¿Realmente necesitas esa sartén de hierro y tu enorme concordancia completa?) Podría ser difícil dejar atrás cosas potencialmente útiles, pero en algún lugar a lo largo de ese trayecto de seiscientos metros de altura, caminando contra un viento fuerte, puedes alegrarte de haberlo hecho. De hecho, disfrutarás de las vistas y los paisajes aun más cuando tus hombros estén más ligeros.

La vida puede ser así también. Muchos de nosotros somos propensos a ir demasiado rápido y llevar demasiadas provisiones. La Escritura, sin embargo, nos dice que caminemos en el Espíritu (no corramos ni huyamos) y que a diario nos preocupemos por Jesús (Gálatas 5:16; 1 Pedro 5:7). Podríamos engañarnos pensando que cuanto más llevemos, más agobiados y cansados estaremos; con lo que lograremos complacer más al Señor.

De hecho, todo lo contrario podría ser cierto.

En esta sección, Ruth Haley Barton, Gordon MacDonald y Mark Buchanan ofrecen consejos oportunos (y bienvenidos), que nos muestran cómo reducir la velocidad… y aligerarnos.

12

A UN RITMO
ESTABLE

La clave no tan secreta del ministerio
y el liderazgo efectivos

RUTH HALEY BARTON

En una reunión de personal en una iglesia a la que asistía, estábamos discutiendo cómo podríamos atraer a más personas para que se unieran a la congregación y aumentaran su participación. Alguien hizo cálculos y señaló que se esperaba que semanalmente, por lo menos cinco de aquellos que querían convertirse en miembros de la iglesia, se comprometieran a colaborar con su tiempo.

Intenté apoyar el propósito de la reunión pero, en mi interior, clamaba: ¿Quién querría inscribirse para esto? Ya estaba tratando de combatir el SFC (Síndrome de Fatiga Cristiana) en mi propia vida y no podía imaginar haberlo motivado voluntariamente a otra persona.

¿Cómo es que la vida dentro y fuera de la iglesia a menudo se reduce a tanta actividad, tanto ajetreo, tan incesantes expectativas? Sin tiempo adecuado para descansar, perdemos la capacidad de estar completamente presentes.

Mientras miraba alrededor de la mesa de planificación ese día, me di cuenta de una de las razones principales por las que la vida de la iglesia está llena de tanta actividad y eventos: esa es la forma en que viven sus líderes.

La mayoría de nosotros conoce una sola velocidad: a toda máquina. Y hemos estado atrapados en esa velocidad durante mucho tiempo. Si no establecemos ritmos más sanos en nuestras propias vidas —patrones vitales que limiten nuestro activismo desenfrenado y calmen nuestra actividad compulsiva—, no lograremos mucho a largo plazo. ¡Y tampoco lo harán las personas a las que lideramos!

TRABAJA DURO, DESCANSA FIELMENTE

Jesús entendió cuán rápido pueden agotarnos nuestras pasiones, incluso las más nobles, si no tenemos cuidado. Al principio de su ministerio con los discípulos, comenzó a enseñarles la importancia de establecer ritmos saludables de trabajo y descanso.

En Marcos 6, Jesús comisionó a los discípulos para el ministerio y les dio autoridad para expulsar demonios, predicar el evangelio y sanar a los enfermos. Así que partieron en su primera excursión ministerial y regresaron entusiasmados con su nuevo poder e influencia. Se amontonaron alrededor de Jesús para informarle todo lo que habían hecho.

¿Pero qué hizo Jesús? Él no parecía tener mucho tiempo para sus informes ministeriales. Al instante les instruyó: «Vengan conmigo ustedes solos a un lugar tranquilo y descansen un poco» (Marcos 6:31). Parecía más preocupado por ayudarlos a establecer un ritmo que los sostuviera en el ministerio más que permitirles que se enamoraran demasiado del éxito del ministerio, lo que puede llevar a una compulsión por hacer más y más sin cesar.

Cuando seguimos avanzando sin tomar el tiempo adecuado para descansar, nuestro estilo de vida puede parecer heroico, pero hay una cualidad frenética en nuestro trabajo que carece de verdadera efectividad porque perdemos la capacidad de estar completamente presentes. Presente ante Dios y ante otras personas. Por lo que perdemos la capacidad de discernir qué se necesita realmente en nuestra situación.

El resultado puede ser una «desesperación descuidada», un estado mental y espiritual en el que solo intentamos hacer todo. Lo cual nos impide la calidad presencial que ofrece una verdadera percepción y liderazgo espiritual.

Charles, un médico muy preparado, ilustra el punto: «Descubrí en la facultad de medicina que si veía a un paciente cuando estaba cansado o con exceso de trabajo, pedía muchas pruebas. Estaba tan agotado que no podía decir exactamente qué estaba pasando, así que tenía el hábito de ordenar un conjunto de pruebas, con la esperanza de que me dijeran lo que me estaba perdiendo.

»Pero cuando estaba descansando, si tenía la oportunidad de dormir un poco o dar un paseo tranquilo, cuando veía al siguiente paciente, podía confiar en mi intuición y experiencia para hacer una lectura precisa de lo que estaba sucediendo. Cuando podía tomarme el tiempo para escuchar y estar presente con ellos y su enfermedad, casi siempre tenía razón».

Cuando estamos agotados, nos volvemos demasiado dependientes de las voces que claman fuera de nosotros en busca de dirección. Reaccionamos a los síntomas en vez de tratar de comprender y responder a las causas subyacentes. Confiamos en los modelos ministeriales de otras personas porque estamos demasiado cansados para escuchar y observar nuestro entorno y crear algo especialmente adecuado para ese lugar.

Cuando descansamos, brindamos una atención constante y alerta a nuestro liderazgo y nos caracterizamos por el discernimiento de lo que realmente se necesita en nuestra situación. Además, tenemos la energía y la creatividad para llevarlo a cabo.

RITMOS DE COMPROMISO Y RETIRO

Uno de los ritmos más importantes para aquellos que estamos en el ministerio es establecer un movimiento constante de ida y vuelta entre el compromiso y la retirada. Necesitamos tiempos periódicos para participar en la batalla, dando nuestra mejor energía a la tarea. Luego necesitamos momentos en los que retrocedamos para ganar perspectiva, renovar estrategias y atender nuestras heridas: algo inevitable en la vida ministerial.

Un peligro para los que laboramos en el ministerio cristiano es que puede ser difícil distinguir entre los tiempos en que estamos «trabajando», trabajando para Dios y los momentos en que podemos simplemente estar con Dios para reponer nuestra propia alma. Nuestro tiempo con las Escrituras se puede reducir a leer un libro de texto o una herramienta para el ministerio más que buscar un mensaje íntimo de Dios para mí personalmente. Incluso la oración puede convertirse en una ronda exhaustiva de diversos tipos de actividad mental, o en una demostración pública de nuestra destreza espiritual.

Los retiros prolongados nos dan la oportunidad de regresar a casa y estar ante la presencia de Dios, ser francos con Él, en absoluta privacidad, hablar de lo que nos sucede. Esto es importante para nosotros y para aquellos a quienes servimos.

Cuando reprimimos lo que es real en nuestras vidas y seguimos combatiendo, nos cansamos tanto de aferrarnos a eso que, finalmente, se filtra de manera perjudicial para nosotros y para los demás. Pero en el retiro hay tiempo y espacio para atender lo que es real en nuestras propias vidas: celebrar las alegrías, llorar las pérdidas, derramar lágrimas, sentarnos con nuestras preguntas, sentir ira, atender nuestra soledad y permitir que Dios sea con nosotros en esos lugares.

Esos no son tiempos para solucionar problemas, porque no todo puede arreglarse o resolverse. En el retiro, nos apoyamos en Dios y esperamos que haga lo que se necesita, para volver a la batalla con energía renovada y una visión más aguda.

SILENCIO Y PALABRA

El escritor de Proverbios nos dice: «El que mucho habla, mucho yerra» (10:19). Esta es una verdad que puede llevarnos a desesperar a la gente del ministerio dado el flujo incesante de palabras que nos sentimos obligados a emitir a través de nuestras bocas, lapiceras y computadoras. ¡Aquellos que dirigimos con palabras corremos un gran riesgo de abusar de ellas e incluso de pecar con nuestras palabras debido al gran volumen de ellas!

No sé tú, pero a veces puedo sentirlo literalmente, en lo profundo de mis huesos, que si no cierro la boca por un tiempo, me meteré en problemas porque mis palabras estarán completamente desconectadas de la realidad de Dios en mi propia vida. El silencio es la única cura para esta situación desesperada.

«El discurso correcto emerge del silencio y el silencio correcto sale del habla», escribió Dietrich Bonhoeffer. En silencio, nuestros patrones de discurso se refinan porque el silencio fomenta una autoconciencia que nos permite elegir más con mucho cuidado las palabras que decimos.

En lugar de hablar sobre los problemas que nuestro subconsciente necesita para impresionar, para poner a los demás en su lugar, para competir, controlar y manipular, para dar un buen giro a las cosas, podemos darnos cuenta de nuestra dinámica interna y tomar decisiones que sean más fundamentadas en el amor, la confianza y la sabiduría que Dios nos da.

El salmista dice: «Si se enojan, no pequen; en la quietud del descanso nocturno examínense el corazón. Ofrezcan sacrificios de justicia [en otras palabras, sean fieles a sus prácticas espirituales] y confíen en el Señor» (Salmos 4:4).

A veces lo más heroico que, como líder, puedes hacer es permanecer en ese lugar privado con Dios todo el tiempo que sea necesario en vez de dedicarte a todo lo demás que crees podrías estar haciendo en ese momento.

LA INMOVILIDAD Y LA ACCIÓN

Ejercitarnos con el ritmo del silencio y de las palabras, la quietud y la acción nos ayuda a aprender a esperar a Dios, lo cual no es fácil para aquellos que estamos acostumbrados a tratar afanosamente de hacer que las cosas sucedan. Necesitamos energía para limitarnos, para esperar la obra de Dios en nuestras vidas y en las situaciones que enfrentamos.

Sin embargo, en la misma medida en que me piden que use palabras, en que las cosas son más angustiosas, en que se me requiere más liderazgo, necesito más silencio.

Es un bochornoso y pequeño secreto común entre los líderes, en lo que necesitamos ser más honestos al respecto: enterrada profundamente en la siquis de muchos líderes, hay una mentalidad de superhombre: que de alguna manera no somos como otros seres humanos, y podemos funcionar más allá de las limitaciones humanas normales para salvar al mundo. O al menos a nuestro pequeño rincón del mundo. Es un mito complaciente que usamos a nuestro propio riesgo.

El guardar reposo es la disciplina principal que nos ayuda a vivir dentro de los límites de nuestra humanidad y honrar a Dios como nuestro creador. Es la clave de una vida en sincronía con los ritmos que Dios mismo forjó en nuestro mundo. Sin embargo, es la disciplina que nos parece más difícil de vivir.

La observancia del reposo honra la necesidad del cuerpo de descansar, la necesidad del espíritu de reponerse, y la necesidad del alma de deleitarse en Dios por amor a Él.

Ello comienza con la disposición a reconocer los límites de nuestra humanidad y luego tomar medidas para empezar a vivir con más gracia dentro del orden de las cosas.

Y el primer orden de cosas es que somos criaturas y que Dios es el creador. Dios es el único que es infinito; yo, por otro lado, debo aprender a vivir dentro de los límites físicos del tiempo y el espacio y los límites humanos de la fuerza y la energía.

También hay límites para mis capacidades relacionales, emocionales, mentales y espirituales. Yo no soy Dios. Dios es el único que puede ser todo para todas las personas. Dios es el único que puede estar en dos lugares a la vez. Dios nunca duerme. Yo no puedo vivir sin dormir.

Esto es bastante básico, pero muchos de nosotros vivimos como si no lo supiéramos.

Guardar reposo puede ser el ritmo más desafiante para que los líderes lo establezcan porque el domingo, en la mayoría de las iglesias, se ha convertido en un día de actividad cristiana, ¡tal vez el más ocupado! Y, por supuesto, ¡la persona más emprendedora en ese día es el pastor!

Eso solo significa que los pastores necesitan reservar otro día para su descanso. O podrían considerar ordenar la vida de su iglesia para que todos aprendan cómo practicar el reposo. Puede comenzar con la adoración, pero luego todos se van a casa y descansan, y se deleitan por el resto del día porque no hay otras actividades de la iglesia. De esa manera, el compromiso del pastor con el reposo se convierte en una bendición para todos.

Guardar el reposo es una manera de hacer que toda nuestra vida respete el ritmo de las cosas: trabajo y descanso, fecundidad e inactividad, dar y recibir, ser y hacer, activismo y rendición. El día en sí es apartado, dedicado por completo a descansar, adorar y deleitarse en Dios y en sus buenos dones. Y el resto de la semana se debe vivir de tal manera que sea posible el descanso.

Hay algo profundamente espiritual en cuanto a honrar las limitaciones de nuestra existencia humana. Somos seres físicos y espirituales en un mundo de tiempo y espacio. Cuando aceptamos lo que es real en vez de ir más allá de nuestros límites, desciende una paz sobre nosotros. Ser cordiales, receptivos y afables con nosotros mismos al menos una vez por semana, nos capacita para ser cordiales, receptivos y afables con los demás.

Hay una libertad que proviene de ser lo que somos en Dios y de descansar en Él. Esto, a fin de cuentas, nos permite darle algo más verdadero al mundo que todos nuestros esfuerzos.

Guardar el reposo nos ayuda a vivir dentro de nuestros límites puesto que en el descanso, de diversas maneras, asumimos el papel de criaturas ante la presencia de nuestro Creador. Alcanzamos algo más real que lo que podemos por propio esfuerzo. Palpamos lo más profundo de nuestro ser.

Con seguridad que eso es lo que más necesitan las personas que nos rodean.

13

LA IMPERIOSA NECESIDAD
DE DESCANSAR

Uno de los dones divinos menos utilizados
es el tiempo para ser refinados

GORDON MACDONALD

Una vez, cuando mi esposa Gail y yo caminábamos por los altos prados de los Alpes suizos, vimos a dos granjeros cortando la hierba alta en cierta parte de la montaña con unas guadañas, una herramienta para cortar a mano que ha existido desde la antigüedad. Sus movimientos, con un amplio barrido, se parecían los que hacen los bailarines; muy sincronizados.

Al acercarnos, notamos que ambos se detenían periódicamente y sacaban de sus bolsillos algo parecido a una piedra lisa. Luego, con la misma elegancia, como si dibujaran una figura, desplazaban las piedras hacia adelante y hacia atrás rozando las cuchillas de las guadañas. ¿El propósito? Restaurarles el filo o, lo que es lo mismo, refinarlas.

Una vez que las afilaban, cada volvía a su corte.

Gail y yo los observamos repetir varias veces ese proceso: cortar y afilar, cortar y afilar: diez minutos (más o menos) de corte seguidos de cinco minutos de afilado.

Una pregunta tonta: ¿por qué perder cinco minutos afilando las cuchillas? Estamos hablando aquí de veinte minutos de tiempo improductivo cada hora. ¿Por qué no seguir cortando, terminar el trabajo y regresar a casa a una hora más temprana?

Respuesta: Porque con cada uso de la guadaña, la cuchilla se pone más roma. Y, con el poco filo de la cuchilla, el trabajo se hace más difícil y menos productivo. Resultado: En realidad, llegas a casa mucho más tarde. Lección aprendida: el corte y el afilado son ambos parte del trabajo del granjero.

Lección aplicada: En mis primeros años pastorales, no apreciaba este principio del corte y el afilado. Me avergüenza admitir que solía prestar atención a la dimensión más aguda (o espiritual) de mi vida solo cuando necesitaba algo más allá de mi alcance natural o cuando me encontraba en problemas.

Los resultados acumulativos de una vida llevada así se hicieron alarmantes. Me llevaron a embotarme el alma.

Aunque hablaba mucho sobre Dios, practicaba poco el escucharle.

Mi trabajo cayó presa del estancamiento. Solía atascarme en asuntos de importancia secundaria, descuidando las verdaderamente importantes.

A menudo me quejaba de fatiga: no solo física, también sentía un vacío espiritual y emocional.

A veces me cercaban las tentaciones de la envidia, la impaciencia, la ambición, el descontento, los pensamientos errantes.

Era demasiado sensible, presa fácil de la crítica, el desacuerdo y los desaires de las personas que parecían no estar de acuerdo conmigo.

A menudo sentía que no estaba haciendo mi mejor esfuerzo. Parecía que me esforzaba muy poco por Dios y por la gente.

Mis oraciones eran superficiales, no reflejaban a un hombre que se suponía que «caminara con Dios».

Si bien la mayoría de la gente me felicitaba por ser un buen predicador y pastor, el hecho era que no estaba influenciando a muchas personas en cuanto a que se comprometieran más con Jesucristo.

Con el paso del tiempo tuve muchos problemas, de modo que comencé una búsqueda sincera de lo que le faltaba a mi vida. Si no identificaba eso, temía que no pudiera seguir. Fue entonces cuando descubrí una ley bíblica muy importante: el sabbat judío, el tiempo sagrado, el tiempo santo en el que el alma se refina.

De alguna manera, la idea del sabbat o del reposo no había cobrado vida antes. Percibía el sábado como un feroz domingo de fascinante predicación, multitudes numerosas y programación exitosa. Nunca imaginé una experiencia sabática de adoración majestuosa, quietud alegre (en lugar de ruido), «conversación» interior y un reordenamiento de las piezas de mi vida. No es de extrañar que me sintiera tan desordenado. No sabía nada de eso.

Todo esto es el resultado de una renuencia generalizada a tomar a Dios en serio cuando dice que hay momentos en que el trabajo en el mundo debe detenerse (¡realmente, realmente detenerse!) Y ser reemplazado por el trabajo en el alma.

Imagínate lo que podría parecer una pausa sabática. Habría veinticuatro horas de silencio relativo en las cuales escapar del incesante ajetreo para escuchar a Dios; veinticuatro horas de intimidad con quienes más amas; veinticuatro horas para evaluar los días recientes, contar las bendiciones de uno y resolver los remordimientos; veinticuatro horas para mirar hacia adelante, reordenar las prioridades y el sentido de la orientación; veinticuatro horas para reafirmar la verdadera creencia y obediencia a Dios el Creador; veinticuatro horas para descansar, reír, estudiar y jugar.

Simplemente imaginarlo me hace respirar profundamente y cuestionarme: ¿Qué me impide hacerlo?

Tenía treinta y tanto años cuando comencé a ver la importancia del reposo. Y eso no fue impulsado por fuentes protestantes o católicas, sino al conocer a varios pensadores judíos.

El autor y dramaturgo Herman Wouk, judío observante, describe en su libro *Este es mi Dios*, su vida de fe y deja en claro que el sabbat fue el eje de su existencia.

FUERZA, REFRIGERIO Y ÁNIMO

«Ahora puedo decir (al lector)», escribió Wouk, «ese día (el sabbat) es el punto de apoyo de la existencia de un judío practicante y, en general, una fuente de fortaleza, refrigerio y ánimo». Esa frase ciertamente llamó mi atención.

«La gran diferencia entre el reposo puritano y el judío —aún más estricto— es un espíritu impalpable pero abrumador. Nuestro descanso (sabbat) se inicia con bendiciones para la luz y el vino. La luz y el vino son las claves del día. Nuestra observancia tiene sus solemnidades, pero *el efecto principal es la liberación, la paz, la alegría y el espíritu elevado*» (el énfasis es mío).[13]

Vuelve a leer los últimos cuatro descriptores de Wouk. ¿Cuándo fue la última vez que terminaste un sabbat protestante (domingo) y te describiste de esa manera?

Wouk pasó a describir un sábado típico en su familia judía. Cada semana llegaba a su casa —un apartamento en la ciudad de Nueva York— al atardecer del viernes.

«Salir del teatro lúgubre [donde trabajaba Wouk], dejar las tazas de café, los guiones desordenados, los actores demacrados, los tramoyistas que gritaban, el director fastidiado, el productor de nudillos, la ruidosa máquina de escribir, el denso humo de tabaco y el polvo detrás del escenario… he llegado a casa. Ha sido un cambio sorprendente, muy parecido a un breve regreso de una guerra».[14]

Observa la descripción del teatro y su eco del mundo más amplio en el que él (y nosotros) vivimos. Y luego nota el mundo ordenado en su casa.

Su esposa y sus hijos esperaban su llegada. Poco después, la familia se sienta a ingerir una espléndida cena «en una mesa adornada con flores y los símbolos del sabbat».[15] Entonces, y esto me encanta, Wouk toca a cada uno de sus hijos y los bendice. Todo esto es seguido por comer, cantar, conversar y responder unas preguntas preparadas. «Para mí», dice Wouk, «[sábado] es un retiro hacia la magia restauradora».[16]

Magia restauradora, qué término.

El sábado, agrega Wouk, se pasa de la misma manera. Hay una reunión en la sinagoga, nos saludamos y la comunidad adora. Hay juegos en el parque. Hay unión. «En el sábado», dice «[nuestros niños saben que] siempre estamos ahí... También saben que no estoy trabajando y que mi esposa está tranquila. Es el día de ellos».[17]

«También es mi día», escribe Wouk. «El teléfono [creo que Blackberry o iPhone aquí] está en silencio. Puedo pensar, leer, estudiar, caminar o no hacer nada. Es un oasis de tranquilidad».[18]

Cuando Wouk regresa al teatro el sábado por la noche después que el sabbat ha terminado, alguien le dice: «No envidio tu religión, pero te envidio el sábado».[19]

El rabino Jonathan Sacks, en su libro *Fe en el futuro*, escribe no muy disímilmente sobre su sabbat: «Imagínate la experiencia de volver a casa el viernes por la tarde. La semana ha pasado volando en una avalancha de actividades. Estás agotado. Y allí, en toda su simplicidad y esplendor está la mesa del sabbat: velas que irradian la luz simbolizando *shalom bayit*, paz en el hogar; el vino, que representa la bendición y la alegría; y dos hogazas de pan, recordando la doble porción de maná que cayó para los israelitas en el desierto a fin de que no tuvieran que recoger comida en el séptimo día».[20]

Entonces, consigue esto. «Al ver esa mesa, sabes que hasta la tarde de mañana estarás en otro mundo, uno donde no hay presiones para trabajar, ni hay que competir, ni distracciones ni interrupciones, solo el tiempo para estar junto con familiares y amigos».[21]

Ahora que lo pienso, nadie que yo recuerde ha envidiado mi descanso o sabbat. Tal vez sea porque no he tenido una experiencia personal consistente ni bien ordenada que cualquiera pueda envidiar.

Un anciano de una de mis congregaciones me dijo una vez al final de un largo y muy ocupado domingo por la mañana: «Estoy seguro de que Dios solo insistió en un sabbat cada semana. Si hubiera requerido dos, tendría un ataque de nervios».

Por el contrario, el senador Joseph Lieberman, judío observante, escribe en su libro *The Gift of Rest*: «Para mí, la observancia del sabbat es un regalo porque es uno de los placeres más profundos y puros de mi vida. Es un día de paz, descanso y placer sensual».[22]

Al explicar esa última frase, Lieberman escribe: «Cuando dije que el sábado es sensual, me refería a que involucra los sentidos: vista, sonido, gusto, olfato y tacto, con escenarios hermosos, melodías elevadas, comida y vino maravillosos, y mucho amor. Es un momento para volver a conectarse con familiares y amigos... con Dios, el Creador de todo lo que tenemos tiempo para "sentir" en el día de reposo. La observancia del sábado es un regalo que ha anclado, moldeado e inspirado mi vida».[23]

¿Hay algo en la forma en que la mayoría de nosotros —protestantes y católicos—, «hacemos iglesia» en estos días, que se pueda comparar con lo que Wouk, Sacks y Lieberman han dicho?

En mis días más jóvenes y desorganizados, la pregunta persistente era: Si Dios quiere que haya experiencias de liberación, paz, alegría, un espíritu elevado, entonces, ¿cómo puedo experimentarlas?

Desearía poder responder a esta pregunta diciéndote que regularmente tomo un sabbat completo de veinticuatro horas. Eso sería mentir. Pero he aprendido a refinar el sabbat o descanso, aunque haya sido breve o menos de veinticuatro horas.

EL LADO PERSONAL DEL SABBAT

El sabbat tiene dos lados: el personal y el comunal o público, en el que uno se relaciona con los amigos y la congregación. Aquí quiero reflexionar sobre el primero de los dos. En nuestra casa en los últimos años, el punto de partida para cada día ha sido el silencio del sabbat. Hemos aprendido el valor del tiempo en un lugar privado. Sin ruido, sin interrupciones, sin distracciones. En el pasado, cuando había niños en nuestro hogar, simplemente acordamos encontrar ese tiempo en las primeras horas de la mañana antes de que despertaran. Eso, por supuesto, significaba ir a la cama antes. Y realmente nos dio resultado.

A lo largo de los años he llegado a resguardar esos momentos de tranquilidad como uno de mis tesoros más preciados. Cada mañana el tiempo se pasa de manera diferente. Pero el objetivo es siempre el mismo. Una vez más, para citar a Herman Wouk: «para encontrar la liberación, la paz, la alegría y el espíritu elevado». ¿El propósito más amplio? Prepararnos para caminar el siguiente día en obediencia a Jesús, para ser útiles a las personas, para incrustarnos (no aislarnos) plenamente en el mundo más grande.

Tomás de Kempis dijo acerca de los momentos reflexivos: «Sé fiel a tu lugar secreto, y se convertirá en tu mejor amigo y te traerá mucha comodidad. En silencio y quietud, la persona devota crece espiritualmente y aprende las cosas ocultas de la Biblia. Las lágrimas derramadas en esos momentos traen limpieza. Dios se acerca al que se retira por un tiempo. Es mejor para ti cuidarte de esta manera en privado que hacer maravillas en público mientras descuidas tu alma».

En esos sabbat privados, he encontrado una serie de actividades que son esenciales para mi propia refinación cotidiana. Esos descansos (o sabbat) son mi versión espiritual lo que hacían las guadañas de los granjeros: afilar o refinar. Veámoslas a continuación.

El arrepentimiento vigoroso. Debo comenzar aquí porque el arrepentimiento salva vidas y abre el cielo. Una vez pensé que el arrepentimiento simplemente significaba que cuando haces algo malo, lo mencionas, dices que lo sientes y sigues adelante. Pero al revisar la Biblia sobre este tema he entendido que el arrepentimiento es, antes que nada, un reconocimiento de ese pozo más profundo del mal que yace en cada uno de nosotros y que está listo para explotar en cualquier momento.

Que vida tan ruidosa llevo. Cuantos pensamientos inconclusos que se van para nunca más ser recordados. Arrepentirme de verdad significa que debo rebuscar en mi corazón ese desvío que puede ocurrir a fin de renunciar a la tendencia de compararme con los demás, a explicar mis fallas y a quejarme si alguien no muestra misericordia conmigo.

El arrepentimiento significa que tengo que presentarme ante Dios con palabras equivalentes a las de Isaías cuando dijo: «¡Ay de mí, que estoy perdido!» (Isaías 6:5). Esto ha requerido una humillación dolorosa, un reajuste periódico. Aun vivo muchos momentos en que una parte de mí, todavía rebelde, trata de impedir que rija y evalúe mi propio desorden (el actual y el que puede suceder en el futuro). La experiencia del sabbat, el afilado de la guadaña, significa que esto no se puede evitar.

La inmersión en la Biblia. Cada día me esfuerzo por leerla como un predicador que prepara sermones para los demás, como alguien que tiene hambre (a veces desesperado) de las palabras amables y puntuales de Dios.

Confieso que siento un amor desenfrenado por las historias de la Biblia, especialmente las de Jesús y sus discípulos.

Tengo pasajes favoritos de toda la vida, como el muy leído Salmo 23. A menudo me siento en silencio y repito este salmo una y otra vez. Con cada repetición, paro y contemplo algunas palabras o frases: tranquilas aguas… valles tenebrosos… vara… banquete… la bondad y el amor (poderosas palabras para un pecador como yo). Me encanta imaginar que el gran pastor, Jesús mismo, va delante de mí: instalando la calma en esos pastos verdes, asegurándome su presencia en medio del peligro, limpiándome las heridas con aceite, sirviéndome una cena saludable mientras mis «enemigos» observan, impotentes de hacer cualquier cosa.

Leer a los grandes maestros espirituales. Nunca tuve tiempo para esas personas extrañas cuando era joven. Pero ahora los leo con gran aprecio: San Agustín, Lawrence, Lutero, George Fox, Tomás de Kempis.

Ellos hablan a mi alma. Cuáqueros, católicos, puritanos, monjes, místicos. Cada uno aporta una nueva perspectiva y forja en mí un equilibrio intelectual de ese inmenso Dios que no será capturado por ninguna tradición o perspectiva teológica.

Reflexión. Que vida más ruidosa he vivido, lo reitero. ¿Cuántos pensamientos inconclusos han pasado por mi mente para que nunca sean recordados? ¿Cuántas experiencias han quedado sin evaluar en el pasado? ¿Cuántas veces fallé en cuanto a hacer un inventario del día y extraer de hechos y conversaciones ideas que podrían transformarse en sabiduría? ¿Cuán a menudo he olvidado expresar mi agradecimiento? La reflexión es el acto de reunir estas cosas y extraer el significado y el mensaje de ellas.

Escribir un diario. Entre los ejercicios cuotidianos más importantes que he hecho está el día (17 de diciembre de 1968) en que comencé a describirme en las páginas de un diario. A lo largo de los años, esos cuadernos han incluido registros de las experiencias de cada día en los que escuché (o dejé de escuchar) la voz de Dios, lo que fue ameno o lamentable. Mis diarios incluyen oraciones, citas, referencias bíblicas y comentarios hechos por «ángeles» en el transcurso del día. Así como Israel construyó monumentos conmemorativos por los grandes actos y revelaciones de Dios, así mis diarios han sido un recordatorio de la gracia de Dios en mi vida.

Adoración. En el sabbat (o reposo) uno debe arrodillarse ante el Señor, asumir esa postura de oración y reafirmar una vez más las palabras: «Adoren al Señor con regocijo. Preséntense ante él con cánticos de júbilo. Reconozcan que el Señor es Dios; él nos hizo, y somos suyos. Somos su pueblo, ovejas de su prado» (Salmos 100:2-3).

En el acto de adorar —exaltando el carácter de Dios, sus actos poderosos y promesas confiables—, debemos presentarnos ante Dios apropiadamente, no teniendo más alta estima de nosotros que la que debemos tener. Más de una vez he sido dolorosamente reducido a mi verdadero tamaño por un Dios que no tolera mi egocentrismo. Pero ha habido momentos en que me siento lo más bajo del universo y este Dios maravillosamente amable me ha sacado de «ese pozo cenagoso» y me ha llenado de una nueva canción.

Visualizar el reposo. Casi no se aprecia, pero el Padre celestial nos ha proporcionado una imaginación (un escenario teatral interno, si se quiere) con que podemos visualizar posibles futuros. El largo futuro (¿qué tipo de hombre podría ser en diez años?) y el futuro inmediato (¿para qué debo prepararme hoy?).

Durante mis momentos sabáticos o de reposo, sueño tranquilamente con las conversaciones que tengo programadas. A menudo pienso en las tareas que llenan mi lista de faenas pendientes. Como me imagino, hago preguntas: ¿cómo podría ser útil en esa situación? ¿Qué podría decir si él o ella…? ¿Puedo ser un mejor oyente? ¿Qué palabra de Dios podría venir a través de mí? Es en esos momentos imaginarios que el Espíritu Santo pinta las posibilidades en nuestras mentes.

Y así es con mis reposos. La hoja interior se afila, y uno vuelve a entrar en el mundo más grande con mayor concentración y energía espiritual.

Me encantan las palabras de Rufus Jones, biógrafo de George Fox, fundador del movimiento cuáquero: «En toda su planificación y sus arreglos exaltó la meditación y el silencio, y enseñó a sus seguidores a apreciar los tiempos de meditación silenciosa en sus reuniones para la adoración, de modo que dejó atrás una fraternidad de personas que sabían cómo cultivar las profundidades interiores de sí mismas; con lo cual descubrirían cómo acercarse a Dios sin ayuda externa».

George Fox, junto con Gail y yo, habría amado a esos granjeros suizos.

14

ESFUÉRZATE POR LA SIMPLICIDAD

Libérate del culto a lo que aparezca luego

MARK BUCHANAN

Pertenezco al «*Culto a lo que aparezca luego*». Es peligrosamente fácil enrolarse en eso. Se hace por defecto, no por elección, cuando se fracasa en resistirlo. El culto a lo que aparezca luego es consumismo en términos religiosos. Tiene su propia jerga sagrada: más, lo mereces, nuevo, más rápido, más limpio, más brillante. Tiene su propia liturgia profundamente arraigada: cargarlo, crédito instantáneo, sin pago inicial, pago diferido, sin intereses durante tres meses. Tiene sus propios predicadores, evangelistas, profetas y apóstoles: publicistas, vendedores, patrocinadores de celebridades. Tiene, por supuesto, sus propios santuarios, capillas, templos, mecas: centros comerciales, supermercados, almacenes, clubes. Tiene sus propios sacramentos: tarjetas de crédito y de débito. Tiene sus propias experiencias extáticas: las peregrinaciones comerciales.

La mayoría de nosotros pasamos más tiempo con la publicidad que con las Escrituras.

El mensaje central del culto a lo que aparezca luego proclama: «Anhelen y gasten, porque el reino de las cosas está aquí». La santificación se mide al nunca ahorrar lo suficiente: porque el culto enseña que nuestras vidas se miden por la abundancia de nuestras posesiones. Aquellos atrapados en el culto a lo que aparezca luego viven interminable e implacablemente por, bueno, la siguiente cosa: el próximo fin de semana, las próximas vacaciones, la próxima compra, la próxima experiencia. Para nosotros, el impulso de buscar lo siguiente es un instinto enraizado tan temprano que parece genético. Es nuestro paradigma, nuestra forma de ver. Es nuestro mito unificador. ¿Cómo podría el mundo ser de otra manera?

Para los cristianos, esto es un inconveniente. El problema es ético, espiritual, teológico. Y, por supuesto, práctico. La única vez que Jesús se violentó fue cuando el templo se convirtió en un mercado. Jesús rumió un montón de cosas con extraña calma: los endemoniados que le gritaban, los líderes religiosos que tramaban contra Él, los discípulos cabeciduros y torpes que lo ayudaban poco. Pero los cambistas de dinero y los vendedores de baratijas tratan de sacarle ventaja. Sin embargo, para no perdernos la lección objetiva, Jesús expresa su oposición al culto a lo que aparezca luego en un lenguaje sencillo:

Nadie puede servir a dos maestros. Porque odiarás a uno y amarás al otro; te consagrarás a uno y despreciarás al otro. No puedes servir a Dios y al dinero. Es por eso que le digo que no se preocupe por la vida cotidiana, ya sea que tenga suficiente comida y bebida, o suficiente ropa para usar... Estas cosas dominan los pensamientos de los incrédulos, pero su Padre celestial ya conoce todas sus necesidades (Mateo 6:24-25, 32).

Pablo también tenía una o dos cosas que decir sobre el culto a lo que aparezca luego:

Los que quieren enriquecerse caen en la tentación y se vuelven esclavos de sus muchos deseos. Estos afanes insensatos y dañinos hunden a la gente en la ruina y en la destrucción. Porque el amor al dinero es la raíz de toda clase de males. Por codiciarlo, algunos se han desviado de la fe y se han causado muchísimos sinsabores (1 Timoteo 6:9-10).

Sabemos todo esto, pero el simple hecho de saberlo no suele ser útil. Ese culto es grande, poderoso, bien organizado, ejecuta sin problemas. Es tan dominante que puede usurpar casi cualquier impulso, incluso el impulso de la sencillez: puede empaquetarlo, comercializarlo y obtener un beneficio de él. Incluso convierte a sus enemigos en secuaces, convierte las protestas en consignas concisas. A fines de la década de los noventa, toda una gama de anuncios, desde automóviles hasta ropa y reproductores de discos compactos, se comercializaba con un creciente resentimiento contra el consumismo. Se promocionaron vehículos utilitarios deportivos de cuarenta mil dólares como el medio mágico para escapar de la artificialidad de un mundo encerrado en el trabajo y las compras. Esos anuncios se empleaban en forma aparentemente ingenua.

INSATISFACCIÓN

Estoy escribiendo esto en una computadora que compré hace poco más de un año. Entonces, era una de las máquinas más potentes y avanzadas disponibles para el consumidor normal. Ahora, un año y algunos meses después, según los estándares de la industria, es lenta y torpe, incapaz de manejar las últimas innovaciones en software.

Pero aquí está el problema real: todo lo que me molesta. Cada semana, veo enormes pancartas de las computadoras nuevas y otros productos electrónicos; y observo que las computadoras son más potentes, con mayor velocidad, monitores más grandes, mucho más memoria y por mucho menos dinero de lo que pagué; eso me molesta. Me siento engañado. Me siento encasillado con un cacharro. Me pregunto: ¿Debería actualizarme? ¿Debo cambiar? Sin embargo, aquí me siento, las palabras aparecen tan rápido como las escribo, susceptibles, con el toque de una tecla o el clic de un mouse, a todo tipo de manipulación sin esfuerzo: cortar y pegar, borrar o duplicar, verificaciones ortográficas y gramaticales, mejoras gráficas. Tengo montones de fuentes e imágenes, y si eso no me agrada, puedo sacar un sinfín de discos compactos o buscar cualquier cosa en Internet.

Esta computadora reproducirá música mientras yo trabajo. Puede responder mi teléfono. Puede vincularme al catálogo de recursos de la Biblioteca Pública de Nueva York. Puedo comprar casi cualquier cosa, pagarla y entregarla, todo sin salir de mi silla. Esta computadora me habla, con una voz femenina encantadora y ligeramente seductora, perfectamente colocada entre un tono comercial y uno íntimo. Tengo un micrófono, y si pudiera entender cómo funciona, podría hablar con la computadora. Esta máquina es más de lo que alguna vez necesitaré. Es, en verdad, más de lo que alguna vez utilizaré: secciones enteras de su funcionamiento laberíntico son *terra incognita* para mí, una Tierra Media entre lo grotesco y lo exótico.

Sin embargo, todas las semanas llegan avisos, publicidad, ofertas especiales, por lo que mi computadora me empieza a lucir obsoleta.

Te lo dije, pertenezco al culto a lo que aparezca luego. Si alguna vez hubo una secta que nos dio piedras cuando pedimos pan, es esta. Promete mucho. Mira los anuncios. Compra este automóvil, haz este viaje, compra estas prendas, usa este detergente, ¡no te lo puedes perder! ¡Qué bueno! ¡Y es completamente tuyo!

Uno de los anuncios más extraños que vi fue un comercial de televisión de Kool-Aid. Muestra a un grupo de niños sentados aburridos y malhumorados en un hermoso día de verano. Están lerdos, adormecidos. Es casi un retrato de desesperación suicida. ¿Por qué seguir viviendo? Pero de repente, la madre saca una jarra gigante con Kool-Aid, color rojizo, llena de hielo. Los niños se vuelven locos. Saltan, aplauden, gritan, corren, tragan saliva. ¡Esto, sí esto, es algo por lo cual vivir! La impresión que se nos da es que la exuberancia de ese momento permanece mucho después: hay algo redentor en el lanzamiento de Kool-Aid que restaura el propósito y la esperanza para toda la vida. Bueno, a mis propios hijos les encantaba el Kool-Aid. Ya no mucho.

EL SILENCIO DE LA SIMPLICIDAD

Estoy trabajando con la disciplina de ignorar al dios del culto a lo que aparezca luego, para abandonarlo. Lo que más ayuda es cultivar una disciplina sustituta. Por eso practico la simplicidad.

Construí un cobertizo el verano pasado. Mi equipo de jardinería —palas, rastrillos, un transmisor de fertilizantes, una cortadora de césped, mangueras y rociadores— envejecía y se oxidaba demasiado rápido en un rincón de la casa. Y alguien seguía robando mi recipiente de gasolina. Así que decidí que necesitaba un cobertizo. Fui a la tienda de suministros de construcción de la ciudad. El más barato, con énfasis en barato, era de quinientos dólares. Eso era demasiado. Pero mientras recorría la tienda, noté que una gran cantidad de listones de dos por cuatro tenían precio especial: ciento cincuenta metros por cincuenta dólares. Lo compré, me fui a casa y enmarqué el cobertizo. Se vio esquelético por varias semanas. Luego, un amigo me ofreció la madera para cubrir el exterior; había comprado una gran cantidad de leña el año anterior y no iba a utilizar las láminas.

Todo el mes siguiente me lo pasé buscando lo que necesitaba para terminar el cobertizo. Manejando por una calle vi una casa que acababa de construirse, noté que había varios bultos de tejas sin usar y un rollo de papel alquitranado en el estacionamiento lateral. Localicé al contratista e hice un trato. Los conseguí a mitad de precio. Encontré una puerta vieja y algunos tablones para estanterías en el patio de la iglesia. Y así me la pasé: buscando, rescatando, intercambiando, improvisando. Al final, tenía un gran cobertizo. Costó alrededor de trescientos dólares, pero recientemente vi uno similar en un catálogo por mil ochocientos.

En cierto sentido, eso no fue simple. Tomó más tiempo, mucho más, que si simplemente hubiera comprado un kit y lo hubiese ensamblado en un día. A veces, la simplicidad es solamente intercambiar una complejidad por otra. Pero el tiempo, la mayor parte, lo gasté en la búsqueda que hice. Fue más aventura que proyecto. En el transcurso de eso, tuve buenas conversaciones; conocí a algunas personas nuevas. Mi esposa y mis hijos recibieron el beneficio de mi osadía cuando llegué a casa anunciando: «No lo creerán. Me acaban de regalar todo el relleno para terminar los bordes del cobertizo».

Sin embargo, hay una lección más profunda aquí. Al vivir de esta manera, he llegado a apreciar las cosas más pequeñas.

También hice un jardín en el frente de mi casa. Reuní todos los elementos (roca de granito para los bordes, tierra, árboles, flores, madera) de la misma manera que obtuve el material para el cobertizo. Porque eso requirió trabajo, la dedicación a la simplicidad no siempre es simple, me gusta el color de las flores. Veo que las abejas revolotean de una a otra, y me da una profunda satisfacción. Esas abejas son la firma del placer divino. A Dios debe gustarle lo que hice. No estoy seguro de que piense eso, ni que incluso lo note mucho; si le hubiera pagado a un paisajista para que hiciera el trabajo.

Pero a veces la simplicidad significa abandonar el jardín por el desierto. Nehemías hizo eso. Estaba dispuesto a alejarse de los lujos de la fastuosa corte persa, los jardines, las piscinas y los palacios, para vivir entre la miseria de la desvencijada Jerusalén, con sus alcantarillas rotas y las pilas de escombros. ¿Por qué? Porque Dios lo puso en su corazón (Nehemías 2:12).

La búsqueda de la simplicidad puede caer en el legalismo. Puede decaer en una austeridad endeble y sin alegría o inflamarse en heroico egoísmo. Además, es tan estéril como el culto a lo que aparezca luego. Una vez hablé con un hombre que le impuso a su familia un ayuno de televisión por un año. Me dijo que fue terrible. Su familia todavía está resentida por eso.

La simplicidad es algo más, algo más que simplemente prescindir o hacerlo tú mismo. Su esencia no es ni abandonar ni esforzarse. Su esencia, más bien, es escuchar: ¿Qué ha puesto Dios en tu corazón? La simplicidad es, una vez que has discernido eso, estar satisfecho. Simplifica más: la simplicidad es estar contento con Dios.

Mamón es un buen sirviente, atento, amable y versátil. Como sirviente, está dispuesto a ser utilizado para cualquier cosa. Él va a los barrios marginales o al borde del encierro, no importa.

He usado dinero para unas vacaciones en Tailandia, compré seda tailandesa, monté un elefante, buceé entre cardúmenes de peces de colores brillantes. Y he usado dinero para comprar esos anillos de cera pegajosos que sellan los inodoros para drenar las tuberías. Mamón ha sido útil en muchos casos.

Mamón, sin embargo, es un pobre dios: es exigente, caprichoso, conflictivo. Es hosco y brutal, rara vez te deja dormir bien o por mucho tiempo. A veces es generoso, de manera voluble, pero tiene el hábito bien practicado de privarnos del placer profundo y duradero de disfrutar sus dones: con los que trae el agrio sabor de la ingratitud (no es suficiente), o el miedo (no durará), o la insaciabilidad (quiero más). Quizás esta es la peor ironía del culto a lo que aparezca luego: nos entrena para no valorar demasiado las cosas, para depreciarlas. Nos enseña a no apreciar ni disfrutar nada. De lo contrario, podríamos estar contentos y no anhelar lo siguiente.

Además, Mamón supera a Dios. Es difícil que escuches lo que Dios ha puesto en tu corazón con Mamón rugiendo. Escribo esto en un islote entre la isla de Vancouver y la península de Columbia Británica. Anteriormente en el día, caminé a lo largo de una ruta forestal y regresé a mi cabaña a lo largo de la costa. El verdor del agua, el traqueteo de las piedras y las conchas bajo los pies, la escultura natural de la madera flotante: es una galería de arte. Me senté en un estante de piedra arenisca que descendía hasta el agua. La piedra arenisca, con sus fosos y crestas donde la persistencia del agua ha extraído piedras incrustadas sueltas, se asemejaba a una piel de lagarto rugosa, enormemente ampliada. Este es un lugar muy silencioso. Hay sonidos, pero están entretejidos en la textura del aire, la tierra y el agua. Es un lugar ideal para escuchar.

Al caminar a casa, al anochecer, escuché voces. Sonaban cerca, aunque estaban lejos. Venían de una gran extensión de agua, volando como las garzas que rozan la superficie del agua, a lo lejos. Las voces recorrían esa distancia sin vacilar, los tonos de los que hablaban se oían perfectamente, ningún eco desfiguraba sus sonidos. Escuchaba cada palabra.

La simplicidad es como un silencio. Es un lugar para escuchar una Voz que de otra manera nunca escucharíamos.

SUFICIENTE ES SUFICIENTE

El silencio habla. Hay dos dichos, muy claros, que me están ayudando a vivir en simple contentamiento con Dios y lo que Dios pone en mi corazón. El primero es «gracias».

Estuve en Uganda, África, hace varios años, en un pequeño pueblo llamado Wairacka. Todos los domingos por la tarde, cerca de cien cristianos de los alrededores se reunían para adorar. Se encontraban bajo un cobertizo con techo de hojalata que estaba situado al borde de una siembra de maíz. Se sentaron en toscos bancos de madera. El piso era de tierra. Los instrumentos eran viejos. Algunas de las guitarras no tenían todas las cuerdas. Pero podían adorar. Hicieron que el infierno corriera en busca de refugio cuando empezaron a alabar a Dios. Había un joven con nosotros, un chico blanco muy rígido y abotonado, al que le gustaba la adoración seria, ordenada y breve, pero hasta él no pudo quedarse quieto: saltaba, aplaudía y gritaba sus aleluyas.

Un domingo por la tarde, el pastor preguntó si alguien tenía algo que testificar. Una mujer alta y esbelta pasó al frente. Era sencillamente atractiva, no muy hermosa. «Oh, hermanos y hermanas, yo amo mucho a Jesús», comenzó.

«¡Dinos, hermana! ¡Cuéntanos!», gritaban los feligreses.

«Oh, lo amo tanto, no sé por dónde empezar a decirles lo bueno que es».

«Comienza allí, hermana. ¡Comienza allí mismo!»

«Oh», dijo ella, «Él es tan bueno conmigo. Lo alabo todo el tiempo por lo bueno que es conmigo. Durante tres meses, oré al Señor por unos zapatos. ¡Y miren!»

Entonces la mujer levantó su pierna para que pudiéramos verle el pie. Un zapato muy ordinario lo cubría.

«Él me dio los zapatos. ¡Aleluya, Él es tan bueno!».

Y los ugandeses aplaudieron, clamaron y gritaron: «¡Aleluya!»

Quedé perplejo. Devastado. Me quedé ahí atornillado. En toda mi vida no había orado una vez por unos zapatos. Y en toda mi vida no le había dado las gracias a Dios por los muchos zapatos que tenía.

Cuando intenté resolverlo más tarde, vi muchos pasajes de la Biblia acerca de la gratitud. Descubrí que estar agradecido y experimentar el poder y la presencia de Jesucristo están estrechamente entrelazados. Al practicar la gratitud, experimentamos más de la gracia transformadora de Dios, la verdadera presencia de Dios.

Miré nuevamente 1 Tesalonicenses 5:18: «Den gracias a Dios en toda situación». Y luego en Efesios 5:20: «Dando siempre gracias a Dios el Padre por todo». Y se me ocurrió que el concepto teológico más profundo no es la doctrina de la encarnación, ni las teorías de la expiación, ni los argumentos de la teodicea. Ni los puntos de vista sobre premilenarismo o supralapsarianismo, ni ideas sobre tribulacionismo o dispensacionalismo. No, el concepto teológico más profundo es el agradecimiento. Porque conocer a Dios es agradecer a Dios. Adorar a Dios es agradecer a Dios. Y agradecer a Dios en todas las cosas y por todas las cosas es reconocer que Dios es bueno, perfectamente bueno, perfectamente justo y perfectamente poderoso, y que todas las cosas sí funcionan juntas para bien de aquellos que aman a Dios y han sido llamados de acuerdo a los propósitos de Dios.

El agradecimiento es un acto de subversión contra el culto a lo que aparezca luego.

El otro dicho, como «gracias», simple y difícil, es «suficiente». En el jardín del Edén, lo primero que hizo la serpiente fue crear en Adán y Eva una sensación de escasez. «¿Es verdad que Dios les dijo que no comieran de ningún árbol del jardín?» (Génesis 3:1).

Y le dio este mandato: «Puedes comer de todos los árboles del jardín, pero del árbol del conocimiento del bien y del mal no deberás comer. El día que de él comas, ciertamente morirás» (Génesis 2:16-17). El truco de la serpiente, en ese entonces como ahora, es convertir esta abrumadora abundancia y esta gracia maravillosa en espantosa escasez y privación, en acoso, la verdadera cara del déspota.

La serpiente mintió y nos cautivó. Ahora, a pesar de la abrumadora evidencia de que vivimos en medio de una abundancia desbordante —de comida, ropa, calor, amigos, cosas—, sentimos que no es suficiente. Sentimos que se acaba, que es insuficiente. Vivimos para lo que aparezca luego.

Hay una parábola india sobre esto. Un gurú tenía un discípulo y estaba tan contento con el progreso espiritual del hombre que lo dejó solo. El discípulo vivía en una pequeña choza de barro. Vivía simplemente, rogando por su comida. Cada mañana, después de sus devociones, el discípulo lavó su taparrabos y lo colgó para que se secara. Un día, regresó para descubrir el taparrabos rasgado y corroído por las ratas. Así que les pidió a los aldeanos otro y se lo dieron. Pero las ratas se lo comieron también. Entonces consiguió un gato. Eso ocupó a las ratas pero ahora, cuando suplicaba por su comida, también tenía que pedir leche para su gato. «Esto no servirá», pensó. «Conseguiré una vaca». Así que consiguió una vaca y descubrió que tenía que seguir pidiendo limosna. De modo que decidió cultivar y plantar el terreno alrededor de su cabaña. Pero pronto se dio cuenta de que no tenía tiempo para meditar, por lo que contrató unos sirvientes que le atendieran la granja. Sin embargo, supervisar los trabajos se convirtió en una tarea ardua, por lo que se casó para tener una esposa que lo ayudara. Después de un tiempo, el discípulo se convirtió en el hombre más rico de la aldea.

El gurú pasaba un día por allí y se detuvo a saludar al discípulo. Se sorprendió al ver que una vez había una simple choza de barro y ahora se alzaba un palacio rodeado por una vasta propiedad, trabajada por muchos sirvientes. «¿Qué significa esto?», le preguntó a su discípulo.

«No lo creerá, señor», respondió el hombre, «pero no había otra manera de que pudiera guardar mi taparrabos».

Conozco esta trampa. Anteriormente, puse mi cobertizo como un ejemplo de simplicidad. ¿Pero por qué lo construí? No había otra manera de que pudiera mantener mis rastrillos y mis palas, el cortacésped y el recipiente de gasolina. Este negocio pasó de suficiente a escabroso: el estancamiento del legalismo por un lado, la arena de la racionalización por el otro. Entonces, ¿qué es suficiente? Creo que estoy aprendiendo a vivir con suficiente, pero lo que yo llamo suficiente es despilfarro para la mayoría del mundo.

Una mujer de un pueblo pobre de Bangladesh estaba visitando a una familia cristiana en Toronto y, a la mañana siguiente de su llegada, miró por la ventana de la cocina parte del pueblo.

—¿Quién vive en esa casa? —le preguntó a la amiga de Toronto—. ¿Cuál casa?

—Esa que está ahí.

—Ah, esa. Ahí no vive nadie. Esa es la «casa» del automóvil.

La mujer de Bangladesh quedó desconcertada.

—Una casa para el auto —repetía sin dar crédito a lo que le habían dicho—. Una casa para el auto.

Me imagino a esa mujer, mirando por la ventana de mi cocina y viendo el cobertizo de mi jardín, perpleja, diciendo una y otra vez: «Una casa para las palas. Una casa para la cortadora de césped».

Vivimos en una cultura de excesos. Una cultura de más. Una cultura en la que tenemos que acumular infinitamente solo para mantener el taparrabos. Y la única forma de romper con eso es aferrarnos deliberadamente a otra manera de ver la vida y de vivirla: necesitamos una actitud diferente, como dice el apóstol Pablo: «He aprendido a vivir en todas y cada una de las circunstancias, tanto a quedar saciado como a pasar hambre, a tener de sobra como a sufrir escasez» (Filipenses 4:12). G. K. Chesterton es ampliamente citado diciendo: «Hay dos formas de obtener suficiente. Una es acumular más y más. La otra es necesitar menos». La actitud de lo suficiente —de hecho, una orientación espiritual— está marcada por la confianza, la satisfacción y la gratitud. Es la decisión sin racionalización, es decir: «Esto es suficiente. Mi casa es lo suficientemente grande. Mi coche es lo suficientemente nuevo. Mis posesiones son suficientes. He comido lo suficiente. He tomado suficiente. Suficiente es suficiente».

Y cuando comenzamos a vivir la espiritualidad de lo suficiente, llega un momento en que vemos que tal vez tenemos más que suficiente.

SOLO DI NO

Hay una señora que conozco que vive de esa manera, agradecida con lo suficiente. Su nombre es Helen, asiste a la iglesia a la que pastoreo. Helen es quien quiero ser cuando sea grande. Ella vive, hasta donde puedo discernir, completamente fuera del culto a lo que aparezca luego. Ella ni siquiera lo desafía: lo ignora.

Helen tiene todas las razones para temer la escasez: nunca decir lo suficiente, nunca decir gracias. Creció en Rusia durante de Stalin que estableció la purga de sus opositores y provocó hambrunas, por lo que su familia —de origen alemán— sufrió terriblemente. Cuando todavía era adolescente, ella y otras cinco chicas de su pueblo huyeron a Alemania. Fue un viaje angustioso: atravesando campos helados y fangosos, deslizándose a través de enredijos de alambres de púas. Dejaron casi todo. En el camino, perdieron a dos niños por enfermedad. Varias veces estuvieron a punto de morir de hambre. Hay fotos de ellos que muestran sus cuerpos desgastados, huesudos, con miradas tristes, temerosos, reunidos en un corredor. Sus ropas desgarradas.

Su familia trató de unirse a ella un poco más tarde. Pero los rusos lo supieron y capturaron a sus padres y a sus hermanos, y los enviaron en hediondos y abarrotados vagones de ganado a Siberia, donde sus padres murieron.

Helen se quedó en Alemania. Allí trabajó para una mujer que la amenazó con dispararle si alguna vez intentaba irse. Ella no lo intentó. De todos modos, Hitler la encontró útil: la puso a trabajar cavando zanjas para su guerra. Hay una foto de Helen, huesuda y vestida con una sencilla falda acampanada, parada con otras mujeres al lado de un montón de tierra mojada. Aparecían sosteniendo sus palas. Los guardias se ven el fondo, al borde de la foto. Las mujeres sonríen. Los guardias no.

Después de la guerra, Helen vino a Canadá. Tenía un primo en Manitoba, un agente de bienes raíces próspero que era anciano de una iglesia. Él y su esposa tomaron a Helen como su sirvienta. Helen creía que su sufrimiento había terminado, que solo era un recuerdo que debía disipar bajo el peso del olvido y el perdón. Pero estaba equivocada. Su primo la violó varias veces. Les debía a él y a su esposa el dinero del patrocinio para viajar a Canadá. Todavía no hablaba inglés. Solo por miedo se entregaba a él. Helen quedó embarazada. Tanto la iglesia como la familia de su primo la desterraron a ella y a la niña.

Helen vino al oeste. Con el tiempo, se casó y vivió con modestia. Hace varios años, su esposo murió y le dejó una pequeña pensión. Ella tiene todos los motivos para acumular rencor, ocultarse, enojarse. Tiene todas las razones para haber desterrado las palabras gracias y suficiente de su manera de hablar y de pensar. Y, sin embargo, esas palabras definen su vida, dan forma a su interior y a sus modales.

Ni el dinero ni las cosas dan libertad.

Un día en la iglesia mientras dirigía la oración, pregunté si había alguien que quisiera agradecer a Dios por algo. Helen se levantó.

—Oh, pastor Mark —dijo—. ¡Alabo a Dios!

—Cuéntanos sobre eso, Helen.

—Bueno, el otro día fue muy hermoso. Decidí lavar mi auto y, mientras lo lavaba, recordé algo. Mi seguro tenía tres días que había expirado. De inmediato me dirigí al centro y compré un seguro nuevo. Un poco más tarde le conté a una amiga mía lo sucedido y ella me dijo: «Tienes suerte. Eso me pasó a mí y la policía me detuvo. Me multaron con trescientos dólares».

Pensé que ese era el final de su historia, alababa a Dios porque la policía no la atrapó. Pero me equivoqué, la historia no terminó ahí.

Helen continuó: «Dios me dio trescientos dólares. Así es como lo veo. El Señor lo hizo. Entonces le pregunté: "Señor, ¿qué voy a hacer con estos trescientos dólares?" Él me dijo: "Dáselo a la iglesia. Así que hoy, tengo trescientos dólares que traje a la iglesia, por eso estoy alabando a Dios"».

En otra ocasión, nuestra iglesia celebró una reunión de negocios. La gran votación de esa noche era para decidir si contratábamos a un pastor de jóvenes. Las finanzas de nuestra iglesia no estaban muy bien, por lo que muchas personas decían que simplemente no podíamos pagar un pastor de jóvenes, aunque la necesidad era grande.

Helen se levantó. Ya tiene setenta y tres años. Y tiene una hija, la de su primo, que es de mediana edad. También tiene cuatro nietos, que viven en otra ciudad. Además, tiene dos hijastras con hijos. Ellos también viven en otro lado. Así que se supone que no debe tener un gran interés por el trabajo con los jóvenes de nuestra iglesia.

Helen dijo: «Cuando estaba en Rusia, ya grande, anhelaba tener un piano y tocarlo. Pero no podía comprar uno. Cuando me casé, teníamos uno, pero nunca aprendí a tocarlo. El mes pasado, decidí que ahora podía pagar sesenta dólares al mes y cumplir el sueño que tuve desde que era niña. Me inscribí en clases de piano». Ahí se detuvo. Su voz se quebrantó. Luego continuó lenta y tiernamente. «Esta noche, me doy cuenta de que nuestros jóvenes son mucho más importantes que aprender a tocar el piano. Amo a los jóvenes y quiero que ellos sepan de Jesús. Así que voy a dejar las clases de piano y dar ese dinero todos los meses para un pastor de jóvenes».

Aquello cambió todo. La iglesia votó unánimemente para contratar a un pastor de jóvenes. Eso es lo que hace una persona que, teniendo lo suficiente, está continuamente agradecida sin rendirle ningún tributo al culto a lo que aparezca luego.

DIOS CONTRA EL DIOS CERDO

Ni el dinero ni las cosas dan libertad. La libertad, más bien, va en dirección opuesta, negándose a amar el dinero, a pagarles a las cosas un honor que no merecen, a darle al culto un afecto que nunca le corresponderá. Vivir la verdadera libertad requiere algo más que fuerza de voluntad. Hace poco hablé sobre desafiar a Mamón, rompiendo con su culto. Pero eso en sí mismo no lleva a ninguna parte. Una vez que lo desafiamos, ¿entonces qué? Si rechazamos el atractivo de lo que aparezca luego, ¿con qué lo reemplazaremos?

La respuesta es: con Dios. Viviremos plenamente, con alegría, en la presencia de Dios. El peor efecto del consumismo es que nos aleja de la presencia de Dios. Siempre nos lleva al lugar equivocado. ¿Es posible que el Dios que hizo los cielos y la tierra, que abrió montañas y vertió mares, el Dios que levanta a los muertos, el Dios que te tejió en el vientre de tu madre, el que numeró tus días, que conoce tus pensamientos, que te conoce por nombre y te dice: «Todo lo que tengo es tuyo», pregunto, es posible que no sea suficiente? ¿Que no seremos felices hasta que renovemos la cocina o hasta que hayamos comprado un auto nuevo o visitado Europa? ¿Y que, sin embargo, no seamos felices de todos modos? ¿Es eso posible? El culto a lo que aparezca luego lo garantiza.

¿Es Dios el que dice quien es? Ese es el quid del asunto. Si Dios no lo es, entonces «¡Comamos y bebamos, que mañana moriremos! Cuál es la diferencia, porque mañana moriremos» (Isaías 22:13;

1 Corintios 15:32). Pero si Dios es Dios, es solo una cruel forma de rencor despreciar al Dios verdadero por un dios menor, especialmente uno tan ingrato, descuidado e intimidante como Mamón, el dios cerdo y su miserable culto.

Joyce Carol Oates escribió una novela hace unos años llamada *Porque es amargo y porque es mi corazón*. El título proviene de un poema de Stephen Crane sobre una bestia que devora su propio corazón y, cuando se le pregunta por qué, responde con esa línea. La novela de Oates trata sobre un joven negro y una chica blanca en la Centroamérica de la década de 1950. Se enamoraron, pero por supuesto todos los que les rodeaban se opusieron a tal relación. Sus opciones eran completamente nulas. Todo lo que creyeron que podían hacer era resignarse y entregarse al rencor, a la mutilación, a la humillación, a la recriminación y al castigo. De modo que a eso recurrieron y destruyeron sus propias vidas.

La única libertad que el culto a lo que aparezca luego nos concede es someternos a actos de rencor propio. Porque es amargo y porque es mi corazón. Mamón no tiene necesidad de lastimarnos. Adóralo, te devoras a ti mismo. La locura impresionante de eso, la tragedia desconcertante, es que podemos elegir lo contrario. «Manténganse libres del amor al dinero, y conténtense con lo que tienen, porque Dios ha dicho: Nunca te dejaré; jamás te abandonaré» (Hebreos 13:5).

¿Es eso suficiente para estar agradecido?

QUINTA PARTE

VISIÓN PERIFÉRICA

Si alguien alguna vez tuvo una buena razón para obsesionarse con una meta o un destino, era Jesús en el camino a la cruz. Sabía exactamente lo que tenía que lograr y lo que le costaría. También sabía que su tiempo en la tierra era breve y que tenía mucho que hacer. ¿Cómo, entonces, tenía tiempo para gente como Zaqueo, un extraño y pequeño hombre que estaba encaramado en las ramas de un árbol de sicómoro… o para el ciego Bartimeo, que gritaba desde la orilla del camino que pasa por Jericó?

A pesar de su importante misión, y aunque estaba consciente del camino por recorrer, Jesús mantuvo su visión periférica. Se detuvo para escuchar a las personas y satisfacer sus necesidades, se tratara de la mujer con flujo de sangre que tocó el borde de su manto cuando Él pasaba o del paralítico cuyos amigos irrumpieron abriendo un hueco en el techo de la casa donde Él enseñaba.

Ese es un recordatorio importante para todos nosotros. No importa cuán profundamente sintamos nuestro «llamado», no importa cuán ocupados estemos en el progreso del reino, necesitamos tener ojos para las personas necesitadas perceptibles a nuestra visión periférica… personas que están casi fuera de nuestra vista, pero nunca fuera de la de Cristo.

En esta sección, Gordon MacDonald, Skye Jethani, Mark Labberton y Donald Sunukjian comparten puntos de vista sobre

*cómo equilibrar las demandas más apremiantes de la vida vien-
do a aquellos —a lo largo de nuestro camino—, que podrían
necesitar una palabra, un toque, una mano de ayuda o incluso
una sonrisa franca y genuina.*

15

ASESORA A OTROS EN ARAS DE SU MADUREZ ESPIRITUAL

*Desarrollar personas con profundidad
espiritual es la principal prioridad*

GORDON MACDONALD

Hace poco me he sentido atraído por la palabra **profundo**, término que considero un descriptor cuando me refiero a cristianos maduros. Mi temprano aprecio por este vocablo llegó cuando leí un comentario de Richard Foster: «La desesperante necesidad actual no es un mayor número de personas inteligentes o dotadas, sino de personas profundas».[23]

¿Qué significa ser un profundo seguidor de Cristo cuando las opciones ilimitadas, los ruidos distractores y un millón de versiones de la verdad inundan el alma? ¿Cómo es posible ser una persona profunda cuando te ves arrastrado por una semana laboral de cincuenta o sesenta horas (si estás trabajando), por actividades comunitarias y escolares, por las compras, por los contactos, por formar una familia... ah, y por estar al tanto de las cosas en la iglesia también? ¿Es profundo incluso pensar eso para cualquiera que viva fuera de un monasterio? Solo estoy preguntando.

Por supuesto, ni siquiera podemos intentar responder estas preguntas hasta que exploremos qué significa profundo. Veamos cómo lo defino: Las personas profundas son aquellas cuyas vidas están organizadas en torno a Jesús, su carácter, su llamado a una vida de servicio y su muerte en la cruz por sus pecados. Las habilidades de las personas profundas pueden ser bastante diversas, pero cada una tiene el poder de influir en otros para seguir a Jesús, crecer en semejanza a Cristo y llevar una vida de servicio fiel. Esas personas aman al mundo, interactúan bien con los demás, pero desconfían de las trampas espirituales. Son conocidos por su sabiduría, su compasión por los demás y su perseverancia en tiempos difíciles.

¿CUÁN IMPORTANTE ES LA PROFUNDIDAD?

Ahora bien, considera esta afirmación: El mayor tesoro de una iglesia es su gente profunda. Sé que el énfasis reciente de la iglesia ha valorado a los buscadores, a los jóvenes y a las personas que reflejan la diversidad, todos elementos importantes de una congregación saludable. Pero sin un núcleo de gente profunda, la iglesia está en problemas. Las personas profundas no solo aparecen; se desarrollan. Avancemos un paso más adelante con este pensamiento. Las personas profundas son un tesoro más grande que el predicador de la congregación; más grande que el mejor programa; incluso más grande que su grupo de adoración. Puedo escuchar el crujir de dientes.

Si el párrafo anterior es verdadero, considera lo siguiente:

- Un alto porcentaje de la gente profunda de una iglesia debe ser laica, aquellos cuyas vidas se desarrollan en el mercado, la escuela o la comunidad.
- Los líderes de la iglesia deben ser conscientes de quiénes son sus personas más profundas, al igual que saben dónde está su dinero... o no.

- Los líderes de la iglesia deben imaginar un enfoque del ministerio que haga del desarrollo continuo de personas profundas (de cualquier edad) su principal prioridad.
- Las iglesias deberían considerar asignar este esfuerzo desarrollador a sus pastores principales, señalando que es su principal responsabilidad.

¿Qué significaría para una iglesia aceptar estas proposiciones? Bueno, y si —sigue lo que voy a decir—, el primer párrafo de la descripción laboral del pastor principal fuera leer lo siguiente: «La primera prioridad del pastor líder es servir como el principal oficial de desarrollo (espiritual) de toda la congregación. Él o ella serán considerados personalmente responsables de la junta directiva de la iglesia para entrenar a cierto número de hombres y mujeres cada año y capacitarlos para ofrecer liderazgo espiritual dentro y más allá de la organización eclesial».

Dos desarrollos impulsan estos pensamientos. El primero es una creciente sospecha de que gran cantidad de iglesias ya no producen muchas (si las hay) personas verdaderamente profundas. Algo no está funcionando. El estudio de la Asociación Willow Creek, llamado REVEAL, parece hablar de eso cuando expresa su preocupación por la escasez de cristianos maduros que se desarrollará por la simple participación en los programas de la iglesia. He hecho mi propio estudio anecdótico, no científico. Donde sea que vaya en América del Norte y en otras partes del mundo, les planteo estas preguntas a los pastores:

- ¿Cuántas personas profundas conoces? Esto a menudo genera una discusión sobre cómo se ve la gente profunda (ver arriba) y la tranquila admisión de que el número de ellos es pequeño.
- ¿Hay alguna posibilidad de que llamemos a las personas a una fe que no se puede vivir?
- Si no es así, ¿crees que tu iglesia está produciendo gente profunda? (Esto, con demasiada frecuencia, causa

un silencio reflexivo y un inventario de programas de
discipulado que en su mayoría parecen funcionar, pero
solo por corto tiempo.)

- En calidad de pastor, ¿dedicas tiempo a identificar y
asesorar a las personas potencialmente profundas? (Esto a
menudo lleva a considerar el tema de las pocas horas que
hay en una semana laboral.)

Las respuestas a estas preguntas ocasionalmente son alentado-
ras. Pero la mayoría me llevan a concluir que muchos pastores se
concentran en lo que atrae a las multitudes (a menudo predicando)
pero descuidan lo que desarrolla a las personas profundas (por lo
general, la mentoría).

Pero, ¿y si la mayoría de los eventos de predicación rara vez
producen personas profundas? ¿Qué pasa si la predicación tiende
más bien a inspirar, a informar, a proporcionar consejos prácticos
de cristianos y un poco más?

Estas son funciones importantes. Pero si el principal desafío
en el liderazgo ministerial es desarrollar personas profundas, como
lo describe Pablo, por ejemplo, al decir que «arraigados y edifi-
cados en él, confirmados en la fe como se les enseñó, y llenos de
gratitud» (Colosenses 2:7), entonces es posible que tengamos que
repensar cómo se lleva a cabo el ministerio transformador.

De vez en cuando, cuando hablo a los pastores sobre estas
cosas, recuerdo que las iglesias más grandes a menudo tienen un
miembro del personal responsable del «discipulado». Esto generalmente significa programas de grupos pequeños. Y, a menudo,
son personas muy buenas.

Pero a veces reflexiono y digo que, si poblar la iglesia con un
número creciente de personas profundas es la prioridad más alta de
una congregación, entonces esa prioridad no se puede delegar en
cualquier persona. Esa prioridad debe ser dirigida agresivamente,
sugiero, por el líder principal. Solo entonces la congregación cap-
tará el mensaje de que este asunto de desarrollar profundamente a

las personas es en verdad importante. En otras palabras, el pastor principal debe ser el primer desarrollador.

¿QUÉ HIZO JESÚS?

Un día me cuestioné lo siguiente: Si Jesús leyó los clasificados en el sitio web de *Christianity Today* y decidió postular para un trabajo ministerial, ¿cuál escogería? ¿Pastor principal? ¿Operador de la cocina para los desamparados? ¿Ejecutivo denominacional? ¿Custodio? ¿Trabajar con niños?

La mayoría del tiempo que Jesús ejerció su ministerio público, aparentemente, lo invirtió en un pequeño número de hombres y mujeres que, bajo su tutela, se transformaron en personas profundas y pusieron en marcha un movimiento que continúa hasta nuestros días. Sin dudas: esta actividad de mentoría fue lo mejor de Jesús, fue lo óptimo.

Por tanto, ¿en función de qué lo hizo? ¿Como lo hacen muchos hoy? ¿Para formar un grupo y llenar los espacios en blanco de un folleto para el estudio de la Biblia? ¿Para celebrar una serie de reuniones los martes por la noche y mostrar videos de oradores inspiradores? No lo creo.

Jesús desarrolló a las personas profundas a la manera tradicional de los rabinos. De modo que, ¿cómo hicieron los rabinos para remodelar las vidas de las personas? En un modo considerablemente diferente al nuestro.

Como la mayoría de los rabinos de su tiempo, Jesús sí predicó. Pero fue un tipo de predicación muy diferente. Gran parte era dialógica: relatar historias, formular preguntas, respuestas y argumentos. Se parecía algo a los monólogos de los predicadores de hoy. Si alguien interrumpiera mi predicación, como aparentemente lo hicieron en el tiempo de Jesús, me horrorizaría.

Por extraño que parezca, gran parte de la predicación de Jesús le habría ganado bajas calificaciones en los cursos de predicación en la actualidad. Quiero decir, ¿cómo calificarías a un predicador que comenzó con una curiosa multitud de miles que se redujo a una audiencia de doce personas, las que a su vez no eran para nada fieles?

Sin embargo, a Jesús parecía despreocuparle los asientos vacíos. Lo que sí parece haberle importado es lo que los doce iban a ser y a hacer. Me queda por suponer que Jesús, el rabino, fue menos predicador y más desarrollador y entrenador para los discípulos que escogió. Lo que hizo con ellos y cómo lo hizo le dieron credenciales para considerarlo el genio de los rabinos.

Nunca tomé en serio el estatus de Jesús como rabino. Con el perdón de mis amigos judíos, pensé que su papel como rabino era incidental. Luego le eché un vistazo a la vida del Señor y me di cuenta de que esa condición de rabino itinerante era crucial para entender su enfoque ministerial. Su misión era redimir y replantear las vidas de aquellos que extenderían esta misión después de que Él partiera. Los rabinos, como antecesores, siempre tenían sus ojos puestos en el futuro. ¿Quién perpetuaría su enseñanza?

Es probable que a la edad de doce años, Jesús se destacara entre sus compañeros por su notable habilidad para dominar la Torá y su aptitud para relacionarse con las personas, incluso aquellas mucho mayores que Él. Lucas dice que a la gente realmente le agradaba Jesús.

Podría plantearse una pregunta reflexiva: ¿Quién fue el rabino de Jesús cuando era joven? ¿Quién era su maestro?

No tengo idea, pero no ignores a una persona especial: su madre. Ella tuvo que haber tenido una profunda influencia en su desarrollo. Ella era claramente una dama resistente e inteligente (vuelve a leer el Magníficat). Estoy seguro de que le leyó al profeta Isaías a su Hijo cada vez que tuvo la oportunidad. Casi puede oírla decir: «Hijo, los orgullosos, los poderosos y los ricos no necesitan atención. Mantente atento a los pobres, los hambrientos y los oprimidos. Diles que son amados». Y así lo hizo.

Si el primer desafío en el liderazgo ministerial es desarrollar personas profundas, es posible que tengamos que repensar cómo se logra el ministerio transformador.

A la edad de treinta años, Jesús dejó su negocio familiar y salió a fungir de maestro. Los rabinos itinerantes se mudaban de un pueblo a otro y realizaban reuniones tipo seminario con personas de la localidad que generalmente los acogían y esperaban un milagro o una revolución. En otro tiempo, diríamos que lo que Jesús hizo esplendoroso. Cada uno de esos rabinos itinerantes poseía una interpretación algo única de la Torá, y sus colecciones de enseñanzas eran conocidas como su «palabra» (como en «mi palabra no pasará») o incluso su «evangelio». Se decía que el rabino «recibía» su enseñanza de alguien que le había precedido.

Lo más destacado en la vida del rabino eran sus discípulos o aprendices. Por lo general, eran un grupo pequeño y cuidadosamente investigado de hombres más jóvenes que seguían al maestro. En algunos casos, los discípulos entraban en una relación rabínica porque sus familias negociaban con el rabino de una manera no muy diferente al modo en que un padre podría intentar que un hijo o hija ingresara en una universidad.

Cuanto mejor conectada estuviera una familia en la sociedad, mayores serían las posibilidades del aspirante para conectarse con un rabino de gran prestigio. Pablo refleja eso cuando apoya su afirmación de que era un auténtico judío. «Soy judío… criado… bajo la tutela de Gamaliel [y] recibí instrucción cabal en la ley de nuestros antepasados» (Hechos 22:3). Hoy podría haberlo dicho así: «Obtuve mi título en la Universidad de Gamaliel».

Tenemos algunas descripciones de cómo se desarrollaron las cosas entre Jesús y sus discípulos. Cuando Jesús estuvo un tiempo en el barco con Pedro y otros pescadores, Pedro le dijo: «¡Apártate de mí, Señor; soy un pecador!» (Lucas 5:8).

Pedro no podía visualizarse a sí mismo como discípulo. Tenía un pasado cuestionable, puede haber razonado; demasiados defectos de carácter; muchas otras ambiciones. Parecía no tener oportunidad alguna para que Jesús lo contratara.

La respuesta de Jesús —»desde ahora serás pescador de hombres» (Lucas 5:10)— sin duda forja una extensa conversación. Al final, Jesús rompió con la resistencia de Pedro, lo alejó de su oficio, y lo llevó a una vida de aprendizaje y servicio.

Al contarnos esta historia, los escritores de los evangelios parecen suponer que los lectores estamos familiarizados con el drama que implicaba el hecho de seleccionar a los discípulos. Parecen asumir que sabemos que ese abandono de las redes no fue una decisión instantánea, sino que se discutió, se ponderó y se evaluó. Sin embargo, el pensamiento se convirtió en acción. Pedro y los demás son parte del contrato rabínico.

En los tiempos posteriores, las opiniones sagaces y los comportamientos impulsivos de Pedro parecen reivindicar su opinión original sobre sí mismo. Él no era una «roca» en aquellos primeros días; y la mayoría de nosotros, si hubiéramos sido el rabino, probablemente lo habríamos descartado en la primera oportunidad.

La opción de Jesús al llamar tanto a Mateo (recaudador de impuestos) como a Simón (del movimiento zelote) es impresionante, si lo piensas. ¡Los dos hombres fácilmente podrían haberse matado entre sí! Sus posiciones políticas eran tan opuestas como las de Bill Maher y Rush Limbaugh. Los doce que Jesús escogió fueron una diversidad de personalidades con diferentes antecedentes y expectativas. Pocos de nosotros nos atreveríamos a poner a esas personas en la misma habitación, mucho menos anticipar la profundidad de ellos.

CÓMO HACER UN DISCÍPULO PROFUNDO

Entonces, ¿cómo hizo Jesús para que esos hombres profundizaran? Tres cosas: emulación, información y examen.

Emulación: Los discípulos de los rabinos trataban de imitar todo lo que su mentor hacía. ¿Qué pensaba? ¿Cómo hablaba?

¿Cómo comía? Los discípulos deseaban ser copias perfectas de su rabino. Creían que el rabino era la encarnación de la Torá y ellos, a su vez, deseaban que otros vieran el ejemplo del rabino en ellos. Ahora podemos entender a Pablo cuando dice: «Lo he perdido todo a fin de conocer a Cristo… [incluso] ser semejante a él en su muerte» (Filipenses 3:10). Eso era emular.

Información: El rabino podía enseñar en el área del templo, pero también lo hacían fuera del aula, en las carreteras, en los campos, en el mercado, a orillas de un lago. Todo en la vida cotidiana era bueno para ilustrar las enseñanzas del rabino; casi todo se enseñaba en forma de historia o de acertijos y proverbios diseñados para desafiar la mente del discípulo. Los rabinos no temían dejar conclusiones en el aire. Incluso Jesús cuenta historias sin aplicación obvia. Es como si le gustara decir: «¡Imagínate!»

Examen: Los rabinos proporcionaban tiempos de prueba. Medita en el ministerio de Jesús: las tormentas, la alimentación de los cinco mil, la traición en el huerto. Tiempos de prueba. Puedes escuchar a Jesús diciendo: «¿Dónde está la fe de ustedes cuando la tormenta se calma?» «Denles ustedes mismos de comer», exige señalando a la multitud. «Todos ustedes me abandonarán», predice. También hubo reproches: «¡Aléjate de mí, Satanás!» Y pregunta: «¿Qué estabas discutiendo cuando yo no estaba allí?» Y asigna tareas: «Ve y proclama el reino de Dios» (Lucas 8:25; Mateo 14:16; 26:31; 16:23; Lucas 24:17; 9:60).

Cuando el rabino decidió que habían cumplido el contrato, dio de baja a sus discípulos. De nuevo, Jesús dijo: «Ya no los llamo siervos… los he llamado amigos». «Les conviene que me vaya». «Las obras que yo hago también él las hará». «Que se amen los unos a los otros». «Vayan por todo el mundo y anuncien las buenas nuevas a toda criatura» (Juan 15:15; 16:7; 14:12; 13:34; Marcos 16:15).

Después de decir estas cosas, los dejó. Su enseñanza ahora ardía en sus cabezas, el Espíritu de Él ahora residía en sus corazones. Finalmente, estaban camino a convertirse en personas profundas.

¿QUÉ PODEMOS APRENDER
DE TODO ESTO?

Debes admitirlo cuando repasas la historia: Jesús fue un extraordinario generador de gente profunda. En tres años hizo doce campeonatos. Bueno, once, de todos modos. ¿Cómo hacemos lo que Él hizo?

1. Al conocer lo «principal». ¿Es nuestro objetivo simplemente atraer multitudes? ¿O desarrollar personas profundas que continúen la causa de Jesús? Desarrollar personas profundas no se hace en grandes escalas ni instantáneamente, hay que sentar las bases para un ministerio fuerte y duradero.

2. Al no delegar esta función. El desarrollo de personas profundas tiene que ser encabezado por la persona número uno de la organización. Medita en lo siguiente —y es una tontería—, qué habría pasado si Jesús hubiera podido lograr su objetivo recurriendo a Juan el Bautista y le hubiera dicho: «Me gustaría hacerte mi director de discipulado. Enséñale a la gente lo que creo que es importante mientras me dirijo a las multitudes, lanzo la visión, recaudo el dinero y trabajo con nuestra red de personas influyentes en el templo».

3. Al ayudar a nuestras congregaciones a ver que el desarrollo continuo de las personas profundas es una de las inversiones más serias de la iglesia y que los pastores son responsables de su trabajo en el cumplimiento de este mandato.

4. Al seguir la estrategia de emulación, información y examen. Es cierto que esto lleva tiempo y que probablemente signifique que un pastor principal tenga que decirle a la junta de la iglesia: «Voy a invertir el veinte por ciento de mi tiempo en doce o quince personas cada año, y van a tener para apoyarme cuando la congregación comience a preguntar por qué no estoy presente en muchos programas».

La estrategia del contrato rabínico probablemente requiera tiempo fuera de las instalaciones de la iglesia, lejos de la vista de la congregación más grande. La casa del pastor puede ser un buen lugar para comenzar. Los posibles lugares de trabajo de los discípulos podrían ser otros. Cualquier lugar donde se pueda enseñar, ilustrar y probar el crecimiento es útil.

Un quinto pensamiento. Los rabinos no son necesariamente chicos buenos. Continuamente elevan el nivel de sus discípulos. No son reacios a abrir sus propias vidas; ellos saben cómo meterse en el espacio interior de sus discípulos; ellos saben cómo sacar lo mejor de los demás. Cultivar gente profunda es un asunto serio.

Pablo está pensando en el contrato rabínico cuando le escribe a Timoteo: «Lo que me has oído... enseñar a otros [enséñalo]» (2 Timoteo 2:2). Hazlo como ejemplo, dice Pablo, al «hablar [qué y cómo dices las cosas], en la conducta [la forma en que vives], y en amor [la calidad de tus relaciones], fe [cómo confías en Dios] y pureza [tus decisiones morales]» (1 Timoteo 4:12). Eso era toda la charla rabínica. «¿Mandato, represión, exhortación?» También rabínico. En resumen: la tarea de Timoteo era hacer crecer a las personas profundas.

Veamos un pensamiento final. Estamos desarrollando discípulos de Jesús, no discípulos nuestros. La gente profunda que el rabino forma no es suya. Los discípulos no deben ser poseídos, controlados ni maltratados. Pertenecen a Jesús, que es libre de guiarlos en la vida y el liderazgo de la iglesia pero también, posiblemente, más allá de eso. El tesoro más grande de la iglesia — esta gente profunda—, debe ser compartido, exportado, enviado.

Cuando Jesús oró antes que lo arrestaran en el jardín, ¿por qué oraba? Oró por «los que me diste». Escúchalo bien: «Porque les he entregado las palabras que me diste... [para] que los protejas del maligno... [para que los] santifiques en la verdad... [para que] los envíes también al mundo» (Juan 17:6, 8, 15, 17, 18).

Oró, no por las multitudes a las que había predicado, sino por los discípulos que desarrolló.

Conocí a un «rabino» o dos que me guiaron a través del proceso de emulación, instrucción y examen. Unas veces eran duros; otras, eran tiernos. Creyeron en mi presente y mi futuro. Vieron lo que podría llegar a ser y se esforzaron por hacerme un discípulo profundo. Todos ellos han partido. Los extraño bastante. Pero tengo su «palabra», y estoy comprometido a transmitir su evangelio a otros.

16

CEDE TU DERECHO

Ve el mundo como lo ve Jesús

SKYE JETHANI

En Mateo capítulo 5, comenzando con el versículo 38, Jesús dice: «Ustedes han oído que se dijo: Ojo por ojo y diente por diente. Pero yo les digo: No resistan al que les haga mal. Si alguien te da una bofetada en la mejilla derecha, vuélvele también la otra. Si alguien te pone pleito para quitarte la camisa, déjale también la capa. Si alguien te obliga a llevarle la carga un kilómetro, llévasela dos. Al que te pida, dale; y al que quiera tomar de ti prestado, no le vuelvas la espalda».

Ahora, si fueras un afroestadounidense viviendo en el sur en la década de 1950, ¿cómo escucharías eso? Si fueras un judío que vivía en Europa a fines de la década de 1930, ¿cómo lo oirías? Si fueras víctima de injusticia, fanatismo o persecución, ¿cómo lo oirías? El problema que tenemos con las enseñanzas de Jesús, tanto aquí como a lo largo del Sermón del Monte, es que muchas de ellas no encajan con nuestras experiencias en este mundo.

Muchos de nosotros experimentamos el odio y la violencia, la injusticia y la persecución, y luego llegamos a las palabras de Jesús, que dice: ¿Poner la otra mejilla? ¿Hacer el bien a aquellos

que quieren hacerte daño? ¿Dar tu camisa cuando ya te han roba-
do el abrigo? No es nada sensato. Incluso si has crecido toda
tu vida en la iglesia, aunque te hayan enseñado estos versículos, aun cuando los hayas memorizado, el hecho es que cuando
te enfrentas a algún tipo de mal, peligro o amenaza, muchas de
esas palabras son inservibles. Son ilógicas cuando se presenta
ese momento.

Una historia de Eugene Peterson sobre una experiencia cole-
gial suya ilustra el punto. Él dice:

> Crecí en un hogar cristiano con buenos padres. Me con-
> taron la historia de Jesús y me instruyeron a la manera de
> Jesús…
>
> Luego fui a la escuela y descubrí lo que el Evangelio
> de Juan llamaba «el mundo»… Ese conocimiento entró en
> mi vida en la persona de Garrison Johns, el matón de la
> escuela…
>
> Casi al tercer día [en la escuela], Garrison me des-
> cubrió y me tomó como su proyecto para el año… En la
> escuela dominical me habían enseñado a no pelear…
> Había [memorizado] «Bendice a los que me persiguen» y
> «Pon la otra mejilla».
>
> …La mayoría de las tardes después de la escuela
> [Garrison] me atrapaba y me golpeaba…
>
> Traté de encontrar caminos alternos a casa haciendo
> desvíos a través de callejones, pero él me acechaba, siem-
> pre me encontraba.
>
> Pero sucedió algo inesperado. Estaba con los amigos
> de mi vecindario un día, con siete u ocho de ellos, cuando
> Garrison nos alcanzó y comenzó a hablar conmigo, tararean-
> do y burlándose, preparándose para el evento principal.
>
> Ahí fue cuando sucedió lo inesperado. Algo no cal-
> culado. Totalmente fuera de guion. Algo se rompió dentro
> de mí. Por solo un momento, los versículos de la Biblia

desaparecieron de mi conciencia y agarré a Garrison. Para mi sorpresa, y la suya, me di cuenta de que era más fuerte que él. Así que lo tiré al suelo, me senté en su pecho, y sujeté sus brazos contra el suelo con mis rodillas. No podía creerlo, estaba indefenso… A mi merced. Era demasiado bueno para ser cierto. Lo golpeé en la cara con mis puños. Me gustó… y lo golpeé de nuevo. Su sangre salió a borbotones de su nariz, un hermoso carmesí en la nieve. Para entonces, los otros niños me animaban, incitándome. «Dale en los ojos». «Reviéntale los dientes». Un torrente de imprecaciones bíblicas brotaba de ellos…

Entonces le dije a Garrison: «Di: "tío"». No lo dijo. Lo golpeé de nuevo. Más sangre, más vítores… Y, además, mi entrenamiento cristiano se reafirmó a sí mismo. Le dije: «Di: "Creo en Jesucristo como mi Señor y Salvador"».

Y lo dijo. Garrison Johns fue mi primer convertido al cristianismo.[24]

Aquí está el problema con el Sermón del Monte, particularmente con estas palabras de Jesús sobre la venganza. Podemos aprenderlas, podemos estudiarlas, podemos memorizarlas, pero cuando nos encontramos cara a cara con los Garrison Johns de este mundo, los versículos bíblicos desaparecen y nos enfrentamos a la realidad de un mundo peligroso, amenazante y aterrador en el que la justicia es difícil de encontrar, el bien a menudo se esconde bajo la sombra del mal, y el odio parece más fuerte que el amor. El problema con la enseñanza de Jesús en el Sermón del Monte es que simplemente no encaja con nuestra experiencia terrenal.

De modo que tenemos dos opciones: o descartamos a Jesús como absurdo o tenemos que reevaluar nuestra comprensión de este mundo. Ambas opciones son mutuamente excluyentes; ambas no pueden tener la razón. Una de ellos tiene que imperar. Esa es la tensión central a la que debemos enfrentarnos.

JESÚS CONFIRMA QUE LA LEY NO REHABILITA NUESTROS CORAZONES

Para entender lo que Jesús está tratando aquí, necesitamos hacer un poco de trabajo de fondo. En Mateo 5:38, Él dice: «Ustedes han oído que se dijo: Ojo por ojo y diente por diente». Está citando al Antiguo Testamento, la Torá. Lo que a menudo no reconocemos es que en el momento en que Dios le dio esta ley a Moisés, en realidad fue bastante revolucionaria. Verán, había un gran problema en el mundo antiguo (y en gran parte de nuestro mundo de hoy) con la venganza que escalaba a niveles incontrolables. Considéralo de esta manera: me insultas, te pego; me pegaste, te corté; me cortaste, te disparo; me disparas, le disparo a toda tu familia. Es el argumento de cada película de gánsteres que se haya hecho alguna vez.

Así que Dios interviene y le da a su pueblo un mandato que se supone que controla hasta qué punto se permite la venganza. Él les dice: «Ojo por ojo, diente por diente», lo que significa que el castigo no debe exceder la ofensa. No tienes justificación para tomar represalias contra alguien por lo que te hizo algo. Está poniendo un límite, un control, una barrera de protección alrededor de cuán lejos puede llegar la venganza; su deseo era preservar a su gente, para protegerlos de esa escalada de venganza.

Esto es importante porque a menudo recurrimos al Sermón del Monte, particularmente a estos versículos sobre la venganza, y pensamos que Jesús está diciendo que la ley del Antiguo Testamento es mala. No creo que sea eso lo que dice. De hecho, antes dijo: «No vine para abolir la ley, vine a cumplirla» (Mateo 5:17). No está diciendo que «ojo por ojo, diente por diente» sea incorrecto, malo, malvado o injusto. Él reconoce que es una buena orden dada por Dios poner barreras, parámetros o barreras en cuanto a la venganza permitida para la preservación de su pueblo. Pero el hecho de que una ley sea buena no significa que sea lo mejor. Y así es como tenemos que entender lo que Jesús está diciendo aquí.

No hace mucho, alquilé la película de 1962, *El pajarero de Alcatraz*, basada en una historia real. Burt Lancaster interpreta a un asesino convicto llamado Robert Stroud, que es sentenciado a cadena perpetua en la prisión de Alcatraz. La tensión principal de la película es entre el convicto Stroud y el alcaide, Harvey Shumaker. Los dos hombres pasaron tres décadas juntos en el sistema penitenciario y hacia el final de la película entran en una conversación muy tensa pero interesante sobre la naturaleza de la verdadera rehabilitación. Una sección de esa conversación ilustra algo importante sobre la ley. Stroud, el convicto, le dice esto al alcaide:

> Me pregunto si incluso sabes lo que significa rehabilitación. El *Diccionario Internacional Webster's* íntegro dice que proviene de la raíz latina *habilitas*, que significa invertir de nuevo con dignidad. ¿Consideras esa parte de tu trabajo, Harvey? ¿Devolverle a un hombre la dignidad que alguna vez tuvo? Tu único interés es cómo se comporta. Deseas que tus prisioneros bailen fuera de las puertas como marionetas en una cuerda con los valores impresos por ti, con tu sentido de conformidad, tu sentido del comportamiento, incluso tu sentido de la moralidad. Y es por eso que eres un fracaso, Harvey. Porque una vez que están afuera, todavía están perdidos. Simplemente siguen los movimientos de la vida. Pero debajo hay un profundo odio. Entonces, a la primera oportunidad que se les presenta para atacar a la sociedad, lo hacen. Y el resultado es que más de la mitad de ellos regresan a prisión.

La crítica de Stroud al sistema penitenciario nos ayuda a comprender las limitaciones de la ley en general. Las leyes pueden ser buenas, pueden ser justas. Las leyes pueden darnos una idea de lo que está bien y lo que está mal, un sentido de moralidad. Las leyes pueden poner barreras, vallas, puertas en torno a cuán lejos le está permitido el mal avanzar. Pero lo que la ley no puede hacer es verdaderamente rehabilitarnos. No puede devolvernos la dignidad que Dios quiere que tengamos como criaturas hechas a su imagen.

Lo que la ley no puede hacer es quitar verdaderamente el mal, la ira, el odio de nuestros corazones.

A veces, cuando leemos estos versículos en el Sermón del Monte, cometemos el error de creer que Jesús está estableciendo una ley más estricta. Pero eso no es lo que está haciendo. Él no nos está dando otra ley. Porque la ley no puede rehabilitar realmente. Jesús no nos está dando más reglas a seguir. Lo que hace es ilustrar el tipo de comportamiento que uno exhibirá cuando la ley realmente resida en su corazón. Está ilustrando cómo se ve una persona que ha sido verdaderamente rehabilitada por Dios y que está viviendo completamente inmerso en su reino.

Esta es otra manera de decirlo: Jesús no está diciendo que ahora tienes que caminar la segunda milla, que tienes que poner la otra mejilla, y que tienes que abandonar tu túnica y tu abrigo. Él no dice que tengas que hacer esas cosas. Lo que está diciendo es que cuando eres liberado de la ira, el odio y el mal, cuando la venganza misma no tiene raíz en tu corazón, cuando has sido completamente rehabilitado, estas son las cosas que quieres hacer. Amarás tanto a los demás que querrás lo que es verdaderamente bueno para ellos. Quieres caminar la segunda milla, quieres poner la otra mejilla, quieres dar a los que te piden. Jesús no está presentando otra ley para que la obedezcamos. Solo nos ilustra lo que es un corazón verdaderamente rehabilitado.

LAS PALABRAS DE JESUCRISTO APUNTAN A UN MUNDO BAÑADO POR DIOS

Ahora, podrías estar pensando: Bien, lo tengo. No es otra ley, es un corazón rehabilitado, es transformación interna, es ser liberado, todo eso. Genial, Skye, pero todavía no ayuda. Porque, ¿cómo te conviertes en ese tipo de persona? Estás frente a Garrison Johns. Estás enfrentando el odio, la persecución, el mal, la injusticia. ¿Cómo mantienes los puños lejos del objetivo? ¿Cómo esta raíz realmente se arraiga?

Comenzaré mi respuesta a esa pregunta con una historia. En 1956, Martin Luther King, Jr., era un joven predicador bautista de veintitantos años en Montgomery, Alabama. Debido a algunas circunstancias extrañas, se encontró a sí mismo como líder del boicot al autobús que comenzó cuando Rosa Parks se rehusó a dejar su asiento en el autobús. Y a medida que avanzaba el boicot, King comenzó a oír rumores de que las autoridades blancas de Montgomery querían deshacerse de él. En Montgomery, Alabama, en 1956, si eras un hombre negro y alguien quería deshacerse de ti, sabías lo que eso significaba.

La noche del 27 de enero la situación llegó a un punto crítico. King estaba dormido en su pequeña casa con su joven esposa y su bebé de dos meses cuando lo despertó una llamada telefónica. No citaré exactamente lo que dijo la persona que llamó, eso sería muy inapropiado. Pero la esencia de eso fue que si King no estaba fuera de la ciudad en tres días, iban a matarlo, e iban a bombardear su casa. Así que colgó el teléfono, pero estaba tan molesto, tan perturbado por eso que no podía volver a dormir. Así que se sirvió una taza de café, se sentó en la mesa de su cocina, pensó en su esposa que estaba en el dormitorio y en su bebé que estaba en su cuna, durmiendo en paz. Para usar su lenguaje, el miedo lo paralizó.

Pocos de nosotros hemos estado en circunstancias exactamente como la que King enfrentó esa noche. Pero creo que probablemente hemos tenido esa experiencia humana demasiado común de estar paralizados por el miedo. ¿Está bien mi hijo? ¿Es malo el diagnóstico? ¿Estoy perdiendo mi trabajo? Los escenarios son muchos. Cuando nos sentimos amenazados por una fuerza exterior, nos paralizamos. Es posible que hayas estado allí. Encogido.

Fue en esa circunstancia que estuvo Martin Luther King, Jr. esa noche, tomando café en la mesa de su cocina. Y luego sucedió algo inesperado que cambió el curso de su vida, y se puede argumentar que cambió el curso de la historia estadounidense. Mientras estaba sentado allí con la cara entre las manos sobre su taza de café, confesando sus miedos y sus ansiedades a Dios, King dijo que sentía una conmoción en su alma que nunca había sentido.

Luego escuchó una voz, no una voz audible, sino una voz interior. Y así es como King relató lo que le dijo la voz: «Levántate por la justicia, defiéndela, defiende la verdad. Y he aquí, estaré contigo hasta el fin del mundo … Escuché la voz de Jesús… Prometió no dejarme nunca. No, nunca solo».[25]

En ese momento, a medianoche, en la hora en que reinaba la oscuridad, King tuvo un encuentro sobrenatural con la presencia viva de Dios. Lo que cambió radicalmente a Martin Luther King fue la inexplicable sensación de que Dios estaba con él, de que Dios se había acercado a él. Eso cambió su vida. Cambió su perspectiva. Cambió su misión. Cambió su óptica. Y esa, creo, es la clave para entender las palabras de Jesús sobre la venganza en Mateo capítulo 5. De hecho, diría que es la clave para entender el Sermón del Monte en general. Si no lo logramos, el resto carece de sentido.

Volvamos al comienzo del Sermón y miremos las bienaventuranzas en la primera parte de Mateo 5.

Las bienaventuranzas enumeran las diversas categorías de personas que son realmente bendecidas. Jesús comienza diciendo: «Bienaventurados los pobres en espíritu». En *The Divine Conspiracy*, Dallas Willard lo traduce «Benditos son los ceros espirituales». Las personas que no tienen ninguna credibilidad en lo espiritual; son bendecidos. «Bienaventurados los que gimen». Bienaventurados los que lloran. Bienaventurados los que están tristes, los que tienen miedo.

Bienaventurados los que están despiertos a las dos de la mañana con una taza de café, paralizados por el miedo. «Bienaventurados los perseguidos». Cuando eres marginado, odiado y aislado, bendito eres. Lo que Jesús está diciendo, el mensaje abrumador que tiene al comienzo del Sermón del Monte, es que Dios está contigo. En otras palabras, Dios está de tu lado.

Esta confianza de que Dios está a tu favor es de vital importancia porque si realmente lo crees, y no me refiero solo a lo intelectual, sino que has venido a experimentar la realidad de Dios contigo, la forma en que ves al mundo cambia.

Me gusta el modo en que Dallas Willard lo expresó. Dijo que vivimos en un mundo bañado por Dios. Una vez que llegas a creer eso, continuó, la única conclusión que puedes extraer es que este mundo es un lugar perfectamente seguro en el cual vivir. La primera vez que lo leí, pensé que Willard estaba loco, porque había experimentado bastantes problemas en mi vida como para contradecirlo: este mundo no es seguro. Pero piénsalo. Desde un punto de vista cósmico y eterno, su lógica es sólida. Si este es un mundo de «Dios con nosotros», si este es un universo de Dios con nosotros, ¿a qué debemos temer? En verdad es un lugar perfectamente seguro para vivir.

Nuestra percepción del mundo es que es un lugar donde la justicia es difícil de conseguir. Nuestra percepción del mundo es que es un lugar donde la bondad siempre está marcada por la sombra del mal. Nuestra percepción del mundo es que la vida misma es escasa y debe defenderse y luchar por ella. Pero, ¿y si estamos equivocados? ¿Qué pasa si esto realmente es un universo de Dios con nosotros, un mundo bañado por Dios? Porque si lo es, es correcto usar las palabras del apóstol Pablo cuando afirma: «Si Dios está con nosotros, ¿quién puede estar contra nosotros?» (Romanos 8:31).

Si este es un mundo de Dios con nosotros, entonces no tenemos que preocuparnos de que la injusticia tenga la última palabra, porque Dios promete que todas las cosas serán correctas. La justicia tendrá la última palabra. Si este es un mundo bañado por Dios, entonces la bondad no queda para siempre bajo la sombra del mal, sino que se expande y avanza con la expansión de su reino. Y si este es un mundo de Dios con nosotros, la vida no es escasa; la vida es abundante, y nuestras vidas nunca terminarán, porque están escondidas con Dios en Cristo. Si este es un mundo de Dios con nosotros, no tengo que tener miedo. No tengo que retraerme en defensa propia. Si este es un mundo de Dios con nosotros, no tengo que golpear a la persona que me golpeó. No tengo que preocuparme por regalar mi camisa ni mi abrigo. De hecho, en un mundo de Dios con nosotros, estoy libre de ira, de odio, de miedo de poder amar a la persona que quiere dañarme.

¿QUÉ TIPO DE MUNDO VES?

Este es el problema central que tenemos con el Sermón del Monte: no es que las enseñanzas de Jesús sean absurdas; es que no vemos el mundo que Jesús ve. Vemos un mundo de injusticia, ira, odio y violencia: un mundo donde todo lo bueno es escaso y la vida misma es frágil. Pero Jesús vio un mundo en el que su Padre tiene el control, en el que se garantiza la justicia, en el cual la bondad impera y en el que la vida misma no tiene fin. Y si ves ese mundo a través del lente del evangelio, entonces lo que Jesús nos dice que hagamos y cómo nos prepara para vivir tiene mucho sentido.

Entonces, el problema aquí no es si resistimos o no al mal. Estamos llamados a ser agentes de justicia y justicia en este mundo. La pregunta es, ¿por qué perseguimos esa rectitud y esa justicia? Jesús nos prohíbe perseguirla por enojo, odio o venganza. Perseguimos la justicia, la rectitud y la bondad porque amamos a Dios y a los demás, incluso a los perpetradores de estos males. Así que espero que no te alejes pensando que el principio de poner la otra mejilla significa que solo debes tolerar todo lo que te sucede. Eso significa que en todo, buscamos lo que es bueno para el otro, no para nosotros mismos.

Apenas cuatro días después de lo dicho anteriormente de Martin Luther King, su nueva perspectiva fue puesta a prueba. Cuatro días después de esa noche sin dormir en su casa, estaba hablando en una manifestación por el boicot al autobús cuando, alrededor de las nueve de la noche, un joven llegó corriendo y anunció que la casa de Martin Luther King acababa de ser bombardeada, donde estaban su esposa y su hija de dos meses. King salió corriendo del mitin, se lanzó calle abajo y encontró su casa aún en llamas. La policía estaba allí, los bomberos estaban allí, y una multitud grande y airada de ciudadanos negros de Montgomery, Alabama, estaban alrededor de la casa con pistolas, rifles y bates de béisbol, listos para amotinarse debido a ese ataque a la casa de su líder.

Una vez que King descubrió que su esposa y su hija estaban a salvo, se subió al porche de su casa que acababa de ser bombardeado por el Klan. Se paró allí ardiendo, miró a aquella multitud enojada de ciudadanos negros listos para amotinarse y predicó un sermón. Escucha lo que les dijo: «Jesús todavía clama: "Ama a tus enemigos; bendice a los que te maldicen; ora por los que te maltratan". Esto es por lo que debemos vivir. Debemos enfrentar al odio con amor… Este movimiento no se detendrá, porque Dios está en esto. Váyanse a casa con esta fe resplandeciente y esta seguridad radiante».[26]

Esto es lo que me encanta de King. Que fue, ante todo, un predicador. Su casa estaba en llamas y él pensando: *Esta es una ilustración para un sermón.* «Vete a casa con esta fe resplandeciente y esta seguridad radiante». ¿Puedes oírlo decir eso con un cielo nocturno ardiendo con el fuego de su propia casa? King relató que la multitud se dispersó y un policía más tarde le dijo que «probablemente hubiera estallado un motín racial» por el incidente más pequeño de esa noche. «Esta bien podría haber sido la noche más oscura en la historia de Montgomery», reflexionó King. «Pero sucedió algo que lo evitó: el Espíritu de Dios estaba en nuestros corazones; y una noche que parecía destinada a terminar en un caos desatado llegó a su fin con una majestuosa demostración colectiva de no violencia».[27] ¿Cómo explicas ese cambio de una postura temerosa y contraída hacia una actitud audaz y amorosa? Ninguna ley puede hacer eso; solo la presencia de Dios mismo hace eso.

Dios con nosotros

Casi al final del *Pajarero de Alcatraz*, Robert Stroud sale de prisión (lo que en realidad no ocurre en la vida real, pero la creatividad artística les permitió dejarlo salir en la película). Aborda el bote de Alcatraz a San Francisco. Se baja de la nave y encuentra a un periodista esperándolo. Este le pregunta: «¿Qué vas a hacer ahora que estás fuera de prisión?» Y Stroud da una respuesta muy extraña. Él dice: «No sé. Tal vez iré a medir las nubes». ¡Qué respuesta tan rara! Pero es más bien poética si consideras las circunstancias. Había estado preso durante casi cuarenta años, algo simbólico de esa contracción, esa conformidad temerosa basada en

198 ▶ SKYE JETHANI

la ley. Y ahora es liberado. Y la imagen de ir de una celda a medir las nubes es hermosa.

Para mí, esa imagen también ilustra lo absurdo de la vida cristiana. Si vivimos como Jesús vivió, si hacemos las cosas que Jesús dice que debemos hacer en el Sermón del Monte, la gente pensará que estamos completamente locos. Vamos a lucir tan tontos como un tipo montado en una escalera con una regla tratando de medir las nubes. Piénsalo. Pon la otra mejilla; ve la segunda milla. La razón por la que nos vemos tan locos como cristianos es porque vemos un mundo que el resto no ve. Vemos un mundo bañado por Dios en el que estamos perfectamente a salvo. Tan seguro, tan libres de miedo que incluso podemos amar a nuestros enemigos sin pensar en las consecuencias.

Antes de concluir, quiero asegurarme de que hayas recogido lo que pretendía y lo que no. Sin duda, muchos de ustedes que leen esto han sufrido experiencias con la maldad y la injusticia. Algunos de ustedes están luchando profundamente, preguntándose: ¿cómo empiezo a mostrar bondad incluso a aquellos que me harían daño o que me han perjudicado? Lo último que quiero en el mundo es que te sientas agobiado, pensando que solo tienes que esforzarte más. Recuerda, Jesús no nos está dando una nueva ley. Su intención no es cargarnos con una interpretación más rigurosa y más estricta de la Torá del Antiguo Testamento.

Porque la ley no rehabilita.

La pregunta que deberías hacerte a ti mismo no es «¿Cómo podría tratar de amar más a las personas?» La pregunta que debes hacerte es: «¿Qué tipo de mundo veo?» ¿Ves un mundo de maldad, de peligro, de amenazas y de Garrison Johns, un mundo en el que tu vida está en constante riesgo, en el cual debes contraerte internamente al punto que te paralices? ¿O ves un mundo bañado por Dios, un mundo de Dios con usted, un mundo de justicia, bondad y vida sin fin?

Si todavía estás atrapado en la perspectiva que recibimos de todos los que nos rodean, una visión de temor, amenaza y peligro, no te sientas culpable por eso. Te animo a hacer lo que hizo Martin

Luther King: confiesa tus miedos a Dios, reconoce la venganza y el odio que todavía está en tu corazón. Se franco con Él, revélale todo. Y luego invítalo a acercarse. Invita al Espíritu de Dios a acercarse inexplicablemente, increíblemente, sobrenaturalmente, para que puedas experimentar la realidad de que Él está contigo siempre, aun hasta el fin del mundo.

Y a medida que experimentes esa verdad cada vez más en tu vida, tal vez descubras que estás siendo liberado de tu miedo, que no estás tan contraído, que estás creciendo en audacia y gracia, tal vez incluso al punto de amar a los que no han sido dignos de ti. Puedes llegar a ser un agente de la justicia, de la bondad y de la vida en este mundo, y no acaparar todo eso con egoísmo. Podrías tener una vida tan absurda, tan ridícula que pareciera que estás parado en una escalera sosteniendo una regla, lo cual está bien. No debemos ser comprendidos en este mundo, porque somos el pueblo de Cristo. Pero primero debemos aprender a vivir en este mundo con Él para que podamos aprender a vivir como Él.

17

LA PRIMERA REGLA DEL CAMINO: EL AMOR

Las buenas noticias son mayores
que nosotros

MARK LABBERTON

¿Por qué el evangelio se parece tanto a un cuenco de habas? Para aquellos que encuentran la gracia y la verdad de Jesucristo contundente y convincente, tal pregunta puede parecer absurda, si no blasfema. Pero en comparación con la vivacidad de las invenciones culturales que giran en torno a nosotros en nuestro mundo globalizado, Jesús puede parecer una opción poco fuerte. Muchos tienen la impresión de que el evangelio es irrelevante, adaptable e insípido. Tienen un desdén condicionado culturalmente por cualquier respuesta homogénea a un mundo heterogéneo. Y han visto muy poca evidencia de lo contrario.

¿Cómo es posible que algunos creyentes duden que «la esperanza del mundo», al que se le dio «el nombre sobre todo nombre», pueda parecer desabrido? Bueno, porque a menudo la iglesia es insulsa. Pálida. Crédula. Blanda. Justo así. El fruto de esta vid parece ser habas. Si el sabor de la iglesia es insulso, entonces se presume que es el sabor de aquel que la iglesia llama Señor.

Esta anémica imagen de Jesús tiene muchos adeptos, tanto dentro como fuera de la iglesia. Su Jesús inocuo es resultado de la acomodación social, política, económica y espiritual. ¿Quién necesita más de Jesús que algunas historias simples de un ejemplo amoroso? Ir más allá sería arrogante y serlo religiosamente, en definitiva, no es un ideal cultural actual. Aquellos en la iglesia que se destacan a menudo son vistos como intolerantes e inflexibles. Mejor el altivo desdén que el peligroso arrogante.

Es un paso en falso, dirían algunos, tomar a Jesús, su ejemplo y su enseñanza demasiado en serio. Hacerlo es acercarse demasiado a todos esos detalles que acosan a los especialistas religiosos, generan rivalidad religiosa y causan guerras. Jesús desde tres mil metros de distancia está lo suficientemente cerca. La visión de Jesús en Google Earth identifica solo las características más destacadas de su vida y sus enseñanzas, sin acercarse mucho y sin tomarlo demasiado en serio. Tal Jesús puede ser vagamente interesante, pero está consagrado a la blandura y al débil elogio.

Jesucristo, el Señor de la creación, la redención y el cumplimiento, llama a la iglesia sal y la luz del mundo. Jesús parece haber tenido en mente una comunidad comprometida en una misión vigorosa y abnegada que hace todo lo posible por representar un amor costoso, que se molesta normalmente en buscar justicia para los oprimidos, que sirve creativamente a los olvidados, todo para retratar que el reino de Dios está cerca.

Dependiendo de dónde nos veamos en el mundo, sin embargo, esa iglesia parece haber desaparecido.

En lugar de buscar al Dios que habló desde la zarza ardiente, hemos decidido que el verdadero drama yace en debatir si habla todavía. En vez de encontrar al Dios que ve la idolatría como una tentación omnipresente y amenazante para la vida, decoramos las vidas con nuestras elegantes colecciones de dioses favoritos. En lugar de seguir al Dios que arde en justicia por los necesitados, es más probable que le pidamos al Señor que nos dé nuestra parte justa. Un Dios insulso para una iglesia insulsa, con una misión inocua y pintoresca en un mundo tumultuoso.

¿Es difícil explicar por qué muchos miran a la iglesia y ven un cuenco de habas? ¿Dónde está la evidencia de que la realidad es diferente, que el evangelio realmente cuenta?

EL EVANGELIO HOMOGÉNEO

Otros toman un punto de vista diferente y piensan que el evangelio es demasiado insignificante. Sus afirmaciones sobre un mundo multicultural y multirreligioso son demasiado particulares. La afirmación de la ortodoxia cristiana —que a través de una promesa hecha a un pueblo por medio de un hombre, el único Dios verdadero reconcilió al mundo consigo mismo— parece, por definición, demasiado irrelevante porque es una solución demasiado homogeneizante. Demasiado pequeña para ser digna del Creador del universo y muy exclusiva para ser Buenas Nuevas a un mundo enormemente variado.

Los postmodernos somos muy conscientes de que vivimos en un mundo considerablemente heterogéneo: culturas dentro de culturas, idiomas dentro de idiomas, religiones dentro de religiones. Es probable que encuentren extremadamente contrario a la intuición que una sola religión o deidad pueda reflejar la realidad. En este mundo multifacético, las soluciones uniformes en política, economía y cultura son poco atractivas, indeseables e inviables. ¿Cómo puede ser eso menos cuando se trata de asuntos religiosos y espirituales?

Desde un punto de vista teológico, podrían continuar, ¿cómo puede esa particularidad ser congruente con la descripción que hace la Biblia del carácter expansivo y la naturaleza de Dios? ¿Sería un Dios así merecedor de ser llamado Dios, si todo se reduce a un camino o nada? ¿Cómo podría un Dios que supuestamente creó un mundo con trescientas clases de colibríes ser el mismo que requiere conformidad religiosa? ¿No es esta supuesta particularidad de Dios escandalosamente menos matizada que el orden creado con tanta variedad que se supone que debe haber hecho?

Además, si los que supuestamente llevan la imagen de este Dios son llamados a una sola visión religiosa, ¿no disminuye eso su diversidad creada, homogeneizando lo que Dios ha hecho variado? Si hay más de quinientas variedades de plátanos, ¿cómo podría Dios ofrecerle al mundo un plato de habas?

LA EVIDENCIA DEL AMOR

El amor de Jesucristo, por medio del cual Dios reconcilia al mundo entero consigo mismo, no es un mero frijol. Y la única respuesta adecuada a estas objeciones requerirá que reconsideremos una vez más que lo que Jesús dice es central para el reino de Dios, la realidad que más amplía la vida y no la homogeneiza: el amor.

La principal evidencia de que el evangelio no es un frijol está destinada a ser el amor y la justicia cautivante que atestigua humildemente el cuerpo de Cristo. «Por esto todos los hombres sabrán que ustedes son mis discípulos, si se aman los unos a los otros» (Juan 13:35). Tal amor significa, por lo menos, hacer nuestras vidas más dignas de fe, más enriquecedoras del alma, más justas. Amarnos es dedicarnos a «los asuntos más importantes de la ley: la justicia, la misericordia y la fidelidad», más que jugar con nuestra «menta, eneldo y comino» (Mateo 23:23).

Por supuesto, esto no significa que nuestro evangelio sea más atractivo o más fácil de aceptar. Un evangelio cuya evidencia es este tipo de amor todavía puede ser acusado de ser insignificante, pero lo será como la perla de gran precio, no como una imitación barata.

Tenemos que renunciar al pequeño evangelio que simplemente confirma lo que C. S. Lewis llamó «nuestra preferencia congénita por inversiones seguras y responsabilidades limitadas».[28] La libertad de la gracia nos concede muchos dones, incluyendo que «por lo tanto, ahora no hay condenación para los que están en Cristo Jesús» (Romanos 8:1). Esta seguridad de la gracia está destinada a ponernos en el camino del discipulado fiel, no solo para asegurarnos la gracia como objetivo.

Tal libertad permite a los discípulos de Cristo amar porque primero hemos sido amados (1 Juan 4:19). La gracia que establece nuestra cuenta con Dios tiene el propósito de liberarnos del interés propio por el amor abnegado a los demás. La aparente pequeñez de nuestro evangelio está directamente relacionada con la pequeñez del amor de la iglesia. Cuando las voces cristianas prominentes piden protestas y boicots en cuanto a cosas como nuestra libertad para decir «Feliz Navidad», el evangelio parece realmente muy pequeño. Si, por el contrario, esas voces instaran a la iglesia en los Estados Unidos a regalar sus millones en Navidad a los pobres y necesitados de todo el mundo, como un acto de amor encarnado, eso dejaría una impresión muy diferente de la fe que profesamos y le daríamos una esperanza mucho mayor para un mundo hambriento de amor.

Sería un nuevo día en nuestro testimonio de la inmensidad y el alcance del evangelio si viviéramos el amor perseverante y sacrificial por las personas cercanas y lejanas, especialmente las que carecen de poder, dinero, educación, alimentos, saneamiento, seguridad y fe. Si este amor nos aleja de nuestros enclaves de clase media, atrae a los pobres para ser incluidos en los valores de nuestra familia, nos lleva a preocuparnos más por la necesidad del consumo de aquellos que no tienen nada que las fantasías consuntivas de aquellos que tienen demasiado, el evangelio sería más parecido al regalo que enriquece la vida.

EL TAMAÑO DEL AMOR

El amor es central para responder a la carga de la particularidad también. ¿Qué les decimos a aquellos que afirman que nuestro evangelio es demasiado pequeño? El argumento bíblico es que las acciones muy particulares de Dios son precisamente lo que nos da el mayor acceso al alcance universal del corazón y los propósitos divinos. Cuando el trabajo de Dios es más intenso, las implicaciones son las más extensas: «Dios amó tanto al mundo que dio a su

Hijo unigénito» (Juan 3:16). Dios en Jesucristo hace lo más particular en aras del fin más universal.

Debemos argumentar que la particularidad del amor es como el uso correcto de un telescopio: a través del pequeño extremo de este aparato (es decir, Dios en Cristo), se nos da una idea del corazón cósmico de Dios (es decir, Dios es amor). A través de la particularidad de la lente pequeña, se nos da una manera de ver la realidad más amplia. La especificidad del evangelio es la forma en que Dios nos guía a ver lo que es universal.

Esto es obvio en la experiencia normal. Llegamos a conocer el significado del amor amando y siendo amados por personas particulares en lugares y tiempos particulares. No lo conocemos primero como una categoría amplia y luego como una instancia particular. Por el contrario, solo si somos amados en particular, poco a poco llegamos a amar más ampliamente. La ausencia de las pistas particulares es más probable que la ausencia de la capacidad general.

Es cierto que ser amado en particular no necesariamente nos lleva a amar más ampliamente. Sin embargo, cuanto más notable es esta ausencia de amor en las vidas de las personas, más sospechamos que tenemos una experiencia de ser amados. Y eso es precisamente lo que millones de personas sin iglesia sospechan sobre los cristianos y, por lo tanto, sobre el evangelio que proclamamos: sin un fruto que compruebe el amor abnegado, al menos cuando afirmamos al Dios del amor, más parece que afirmáramos una particularidad corrupta, en quiebra o peor.

La particularidad de nuestro sol no es un problema, porque brilla sobre justos e injustos. Así mismo es el amor particular de Dios en Cristo. La iglesia no puede darse el lujo de dar la impresión de que la particularidad del evangelio solo brilla sobre nosotros. Si amamos como hemos sido amados, la inmensidad y el alcance del evangelio íntimo y cósmico de Dios en Jesucristo serán más evidentemente sal y luz del mundo. Seremos mucho más como Jesús nos describió: buenas y tangibles Buenas Nuevas. Y ese no es el evangelio frijolero.

18

VE CON VISTA
DE MÉDICO

Por qué deberías mudarte al mundo de tu vecino

DONALD SUNUKJIAN

Supongamos que de camino al trabajo, por lo general, te detienes en un Starbucks. Tiendes a llegar a la tienda a la misma hora cada mañana y casi siempre ves a una chica que llega más o menos al mismo tiempo que tú. Muchas veces se encuentran uno al lado del otro en la fila. Es más, los dos piden lo mismo: café expreso doble con leche descremada.

Ella parece ser de cultura gótica: pelo negro, ropa negra, botas altas hasta la rodilla, uñas negras, pintalabios negro, zarcillos en la nariz, en los labios, en las orejas y en las cejas, además de múltiples tatuajes. Por lo general, lleva una mochila muy pesada que debe abrir para sacar su dinero, por lo que a veces parece que se le dificultara sostenerla, agarrar el dinero y pagar el café al mismo tiempo.

No hace demasiado contacto visual con los demás. Te preguntas si deberías entablar una conversación con ella, tal vez ofrecerle ayuda para sostenerle la mochila mientras paga. No estás seguro de qué hacer con toda la parte gótica y tampoco sabes si ella te mirará con sus ojos oscuros y no dirá nada.

¿Deberías tratar de ser amistoso con ella? Tal vez descubras lo que les trae a ambos al mismo Starbucks cada mañana. ¿Notas si alguna vez prueba alguno de los otros tipos de café? ¿Avanzas hacia ella para saludarla cada mañana? ¿Quieres conocer algo más de su vida? ¡Sí! ¡Claro! Entonces, múdate a su mundo. Haz un comentario un día acerca de que el barista, al verlos llegar, probablemente sepa qué van a pedir. Ofrécele ayuda para sostener su mochila mientras paga. Un par de días después, dile tu nombre y pídele el suyo. Si no va algunos días, dile que esperas que no esté enferma la próxima vez que la veas.

¿Por qué mudarte a su mundo? Porque con la vista de médico, ves un dolor que Dios puede sanar. Ves ira y alienación. Tal vez sea por abuso sexual de un padrastro, un hermano o un viejo novio. Pero ves la pesadez, la tristeza. Con la vista de médico, ves un dolor que Dios puede sanar.

Hay un hombre en el trabajo que hace que todos los empleados, al verlo, meneen la cabeza. Se ha divorciado un par de veces y las dos exesposas lo están demandando por no cumplir con el sustento de los hijos menores. Es un padre que no los apoya, que les da muy poco para el sustento y raras veces. Vive con otra mujer y la hijita de ella, pero hace un par de semanas la abofeteó muy fuerte. Ella llamó a la policía, él pasó un par de noches en la cárcel, ella lo echó y ahora tiene una orden de restricción en su contra. Actualmente vive en uno de los moteles baratos que alquilan por mes.

Todos los días, durante el almuerzo, sale solo a buscar una hamburguesa o un burrito y siempre regresa con la camisa embarrada de mostaza o kétchup. Nadie habla mucho con él, porque siempre se queja de que todos se aprovechan de él, todos lo presionan, todo el mundo lo aprieta. ¿Quién quiere escuchar eso?

A menudo piensas acercarte a él con amabilidad y brindarte a almorzar con él. Te gusta la misma comida rápida que él: Burger King, Taco Bell y Subway. Y sabes que Subway tiene una oferta especial que te permite comprar tres sándwiches grandes por diez dólares. No es posible que comas tanto, pero te parece lastimoso no aprovechar una oportunidad así.

¿Deberías invitarlo cualquier día? ¡Sí! ¡Claro! Múdate a su mundo. Ve a almorzar con él. Cuando lleguen a Subway y los dos se sienten con tus sándwiches, las papas fritas y las bebidas, pregúntale si ha visto alguno de los últimos juegos de béisbol. ¿A quién apoya en la serie mundial? Menciona que ha sido el peor arbitraje que jamás hayas visto.

¿Por qué mudarte a su mundo? Porque si lo ves como médico, verás un dolor que Dios puede sanar. Verás amargura en su vida, fracaso en sus relaciones, verás que culpa a los demás en vez de concientizarse de sus errores. Verás que siente miedo al futuro —porque le falta dinero, porque tiene antecedentes penales— y que está desesperado por la soledad que lo aqueja. Con la vista de médico, ves un dolor que Dios puede sanar.

Tu compañía tiene un equipo de softbol mixto que compite en la liga de la ciudad y están buscando un par de jugadores más. Te gusta el softbol. Te encanta la sensación de conectarte en un campo de juego, correr tras la pelota que vuela, dar un salto para agarrarla y llegar al plato para evitar que el corredor anote una carrera. El primer juego es el próximo martes y te presionan para que te unas a ellos.

Sin embargo, dudas, no estás seguro. Te agrada el softbol, pero no sabes si jugar con las personas de la oficina. Fuiste a un picnic de la compañía hace un par de meses, en el que jugaron softbol y algunos de los compañeros estaban bebiendo mucha cerveza, hacían comentarios obscenos sobre algunas de las mujeres del otro equipo. Algunas de las esposas de sus compañeros eran ruidosas y les coqueteaban a los otros maridos. Los padres gritaban groserías a sus hijos sin hacer algo para controlarlos. Y, en el estacionamiento, uno de los hombres casados que había ido solo al picnic estaba detrás de su camioneta sobrepasándose con una compañera que era madre soltera. ¿Quieres lidiar con todo eso todas las semanas?

¿Deberías unirte al equipo? ¡Sí! ¡Claro! Múdate al mundo de ellos. Ve al parque, dale a la pelota y corre esas bases. Trae algunas coca-colas para que las pongas en la neverita portátil con sus cervezas. Cuando una de las mujeres del otro equipo alinee la pelota en un espacio entre el centro y la izquierda para un doble de pie, en vez de hacer un comentario sensual, grítale: «¡Muy bien! ¿Jugaste en la universidad?» Cómprale un guante barato al hijo de la madre soltera, pregúntale si quiere aprender a jugar, haz que se siente a tu lado y enséñale las estrategias del juego.

¿Por qué mudarte al mundo de ellos? Porque si los ves como médico, verás las heridas que Dios puede sanarles. Verás que el machismo y la torpeza simplemente disfrazan la inseguridad y el fracaso. Verás matrimonios en los que no hay amor y niños que no tienen límites seguros. Verás la soledad y la vulnerabilidad de la madre soltera que la pone en riesgo de ser profundamente herida. Con la vista de médico, verás las heridas que Dios puede sanar.

VISTA DE JUEZ O DE MÉDICO

En la vida podemos tener ojos de juez o tener ojos de médico. Los ojos de juez ven a una chica gótica, un padre inútil y un equipo desordenado, y nos dejan pensando: *¿Qué pueden ver ellos?* Los ojos de médico ven las heridas que Dios puede sanar.

¿Evitamos a los que tienen mala reputación, aquellos cuyo estilo de vida es cuestionable? ¿Nos aislamos de ellos y no tenemos nada que ver con su mundo? ¿Los dejamos presas de su enojo y su desesperación, de su ignorancia, de su soledad, de su vulnerabilidad? ¿O nos mudamos a su mundo, hablamos con ellos, reímos con ellos, comemos con ellos, jugamos con ellos, nos amistamos con ellos? ¿Los vemos con ojos de juez, para decidir qué castigo imponerles en nombre de Dios o los vemos con ojos de médico para notar las heridas que Dios puede sanar?

Estas son las preguntas que Marcos 2:13-14 nos obliga a plantearnos. En ese pasaje, vemos a Jesús mudarse al mundo de alguien a quien era considerado de mala reputación, alguien cuyo estilo de vida era cuestionable. Se trataba de Leví. Un recaudador de impuestos. Pero Jesús invita a ese hombre de mala reputación a ser parte de su grupo.

A través de su ejemplo, Jesús nos dice: «Múdate a su mundo como yo, con ojos de médico, viendo las heridas que Dios puede sanar». Observemos con más profundidad esta historia. Después de enseñar a una multitud, Jesús emprende su camino y ve a Leví, hijo de Alfeo, sentado en una cabina recaudando impuestos. «Sígueme», le dice y Leví se levanta y lo sigue.

Jesús acababa de salir de la ciudad de Capernaúm, que está en la orilla norte del Mar de Galilea. Lo que significa que esa estación de peaje, en particular, era la que interceptaba todo el tráfico y el comercio que cruzaba la frontera hacia el territorio del rey Herodes. Tráfico que se generaba porque ese era el camino que conectaba con Roma en una dirección y con Egipto en otra. El trabajo de Leví consistía en cobrar los peajes, tanto por carros, por mulas, como por los impuestos a la importación de cualquier persona que transportare mercancías, como granos, prendas de vestir, pescados, etc. Habría un par personas trabajando en la estación de impuestos con Leví y un par de soldados esperando para asegurarse de que todos cooperaran.

El proceso impositivo en el mundo del Nuevo Testamento era opresivo. No había costos de peaje contabilizados ni tasas fijas. Si se trataba de un comerciante que entraba a la estación con sus productos, este no tenía idea de lo que le iba a costar pasar por allí. Levi acaba de salir, contó sus carros, hurgó en sus sacos, revisó todos sus productos y luego le dijo cuánto tenía que pagar. Puedes apostar que, como todos los recaudadores de impuestos de Roma, fijaba un costo lo suficientemente alto como para enviar la cantidad correcta al rey Herodes, mientras que también se llenaba los bolsillos con algo de dinero extra. Debido a la corrupción, si eras comerciante, estabas a su merced. Después de todo, los soldados estaban allí para hacer cumplir todo lo que él dijera, y probablemente les daba algo de dinero para ayudarlos.

Todo eso para decir que todos los mercaderes en la época de Jesús odiaban a Leví. Puedes estar seguro de que todos los del pueblo sabían que era un tramposo, nada mejor que cualquier ladrón. Nadie quería tener nada que ver con él. Los recaudadores de impuestos como Leví eran tan desacreditados, tan notorios por su deshonestidad que no se les permitía servir de testigos en los tribunales. Simplemente no puedes confiar en su testimonio. Puedes decir con certeza que a Levi no se le pedía que hablara en muchas graduaciones en las escuelas de la comunidad.

Y es por eso que sorprendió cuando Jesús se mudó al mundo de Leví, ¡hasta lo invitó a ser uno de sus discípulos! Jesús había estado en la zona el tiempo suficiente para que Leví supiera quién era. Leví probablemente había escuchado a Jesús enseñar en varias ocasiones. El texto indica que algo sobre Jesús se metió profundamente en el corazón de Leví. Sintió que Dios tenía algo mejor para él. De modo que, cuando Jesús le dijo: «Leví, ven conmigo», se comunicó con los otros recaudadores en la estación y les dijo: «Muchachos, cúbranme, ¿quieren? Me iré por unas horas». Y así, se unió a la banda de seguidores de Jesús.

Las primeras horas que siguió a Jesús se convirtieron en días y, de pronto, el corazón de Leví cambió. Así que sostuvo conversaciones con algunos de sus colegas y con las pocas personas que tendrían algo que ver con él —prostitutas, adúlteros, extorsionadores—, gente que también era vistas como pecadores de muy mala reputación; les contó cómo había pasado los últimos días con Jesús. Cuando algunos de ellos preguntaron si podían ir el día siguiente a escuchar a Jesús, Leví los convenció de que a Jesús le gustaría. Y así, algunos de los amigos de Leví comenzaron a seguir a Jesús.

Después de varios días, el texto nos dice que Leví decidió organizar una fiesta para Jesús en su casa. Invitó a todos sus amigos. De esa forma, podrían tener a Jesús con ellos. Ahora bien, Jesús no invitó solamente a ese hombre de mala reputación a ser su discípulo, sino que asistió a la fiesta con todas esas personas de mala reputación. ¿Por qué hizo un movimiento tan arriesgado en cuanto a lo social? Porque tiene ojos de médico. Él ve las heridas que solo Dios puede sanar. Leamos:

> Mientras Jesús cenaba en la casa de Leví, muchos recaudadores de impuestos y pecadores comían con él y sus discípulos, porque había muchos que lo seguían. Cuando los maestros de la ley que eran fariseos lo vieron comer con los pecadores y los recaudadores de impuestos, les preguntaron a sus discípulos: «¿Por qué él come con recaudadores de impuestos y pecadores?»
>
> Al escuchar esto, Jesús les dijo: «No son los sanos los que necesitan médico, sino los enfermos. Y yo no he venido a llamar a justos, sino a pecadores» (Marcos 2:15-17).

Los fariseos se opusieron a que Jesús comiera con personas tan desacreditadas. Para ellos eso implicaba que aceptaba el estilo de vida de los pecadores. ¿Por qué festejaba con ellos?, se preguntaban. Y en la casa de Leví. Las palabras usadas para describir aquel evento no eran normales para una reunión de esa clase. Eran palabras muy pertinentes, ¡palabras que decían que todos estaban pasando un gran momento! Pero en lo que respecta a los fariseos, Jesús estaba con las personas equivocadas en el lugar equivocado.

Los fariseos eran un grupo estricto en Israel que trataba de seguir las leyes del Antiguo Testamento al pie de la letra, en un esfuerzo por mantenerse separados de cualquier influencia maligna. Sus motivos eran buenos, pero la forma en que los implementaban plantea exigencias irrazonables a quienes los escuchaban. Además, le agregaron cosas a la ley del Antiguo Testamento que nunca fueron escritas en ella, y como la gente no estaba a la altura de sus parámetros, los juzgaban, los agrupaban y los calificaban como pecadores.

Puedes imaginarte lo horrible que fue para los fariseos ver a Jesús entrar en una casa llena de pecadores. Peor aún, podían escuchar la risa proveniente de la casa. De forma que, cuando la fiesta finalmente se disolvió y Jesús y sus discípulos estaban saliendo de la casa, algunos de los fariseos se enfrentaron a los discípulos de Cristo, diciendo: «¿Y este come con recaudadores de impuestos y con pecadores?» (Marcos 2:16). ¿Por qué se está asociando con tales disidentes? No estaban pidiendo información. Lo decían de manera acusatoria, insistiendo en que no debía estar haciendo eso.

El texto nos dice que Jesús escuchó su pregunta y les dio la respuesta que se convierte en nuestro patrón de conducta para hoy: «No son los sanos los que necesitan médico, sino los enfermos. Y yo no he venido a llamar a justos, sino a pecadores» (Marcos 2:17). Jesús dice que es muy sensato que nos mantengamos alejados de los pecadores, así como el médico se cuida de los enfermos, aunque esté con ellos. El médico tiene que estar entre los enfermos para sanarlos, así como nos movemos nosotros entre los pecadores para proclamar una sanación aun más profunda que proviene de Dios.

CONCLUSIÓN

Entonces, ¡sí! ¡Como sea! Múdate a su mundo con los ojos de médico, viendo las heridas que Dios puede sanar. Habla con la chica gótica. Establece una pequeña amistad. Cuando la Navidad se acerque, cómprale un regalo, uno de los nuevos termos que Starbucks está vendiendo. Almuerza con el padre irresponsable. Si hay una chica soltera que está embarazada en una de tus clases, guárdale un asiento. Entabla una conversación con la mujer mayor que asecha a otro hombre. Ayuda al hombre que acaba de perder su licencia de conducir por ebriedad. Si tus compañeros de trabajo te invitan, únete al equipo de softbol. Ve con ellos a los clubes de karaoke y asiste a la fiesta de fin de año de la empresa. Mantente sobrio, pero siéntate, habla y ríete con ellos. Ve a las reuniones de tu antigua escuela secundaria. Cuenta historias amenas como cuando tu equipo ganó el campeonato distrital. Ve con tu esposa a las fiestas de tus compañeros de trabajo. Cuando empiecen a hablar de mujeres, presume de tu esposa y diles que es lo mejor que te ha pasado. Diles al final de la noche que te gustaría volver la próxima semana, excepto que tú y tu esposa irán a un retiro de parejas con su iglesia.

Múdate al mundo de ellos y conéctate si están dispuestos. Hazte amigo de ellos y deja que Dios te use allí. Múdate a su mundo con los ojos de médico, para que veas las heridas que Dios puede sanar.

NOTAS

1. Las citas e historias de William Wilberforce en este capítulo son del libro de Garth Lean, *God's Politician: William Wilberforce's Struggle* (Helmers & Howard, 1987).

2. Anthony Bloom, *Beginning to Pray* (Paulist Press, 1970).

3. Henri J. Nouwen, *The Living Reminder: Service and Prayer in Memory of Jesus Christ* (HarperCollins, 1977).

4. «Where the Battle's Lost and Won,» December 27, 2012, selection, *En pos de lo supremo*, Daily Devotionals by Oswald Chambers website, http://utmost.org/classic/where-the-battle%E2%80%99s-lost-and-won-classic/

5. Jonathan Aitken, *John Newton: From Disgrace to Amazing Grace* (Crossway, 2007).

6. Ver video de la caída de Conrad en: http://vimeo.com/20549603

7. Pete Scazzero, *The Emotionally Healthy Church: A Strategy for Discipleship That Actually Changes Lives* (Zondervan, 2010).

8. Richard J. Foster, *Life with God: Reading the Bible for Spiritual Transformation* (HarperOne, 2008).

9. «Washington Bridge Collapse Caused by Truck Hitting Span, Authorities Say,» FoxNews.com, May 24, 2013, http://www.foxnews.com/us/2013/05/24/highway-bridge-collapses-in-washington-state-people-in-water/

10. David Jackson, *Crying Out for Vindication: The Gospel According to Job, Gospel According to the Old Testament* (P & R, 2007).

11. Citado en Os Guinness, *The Call: Finding and Fulfilling the Central Purpose for Your Life* (Thomas Nelson, 2003).

12. Herman Wouk, *This Is My God* (Back Bay Books, 1992).

13. Ibid.

14. Ibid.

15. Ibid.

16. Ibid.

17. Ibid.

18. Ibid.

19. Jonathan Sacks, *Faith in the Future: Rediscovering the Beauty of the Sabbath* (Mercer University Press, 1995).

20. Ibid.

21. Joseph Lieberman, *the Gift of Rest* (Howard Books, 2011).

22. Ibid.

23. Richard J. Foster, *Celebration of Discipline: The Path to Spiritual Growth*, 3rd ed. (HarperSanFrancisco, 2002).

24. Eugene H. Peterson, *The Pastor: A Memoir*, repr. ed. (HarperOne, 2012).

25. «Why Jesus Called a Man a Fool,» in *A Knock at Midnight: Inspiration from the Great Sermons of Reverend Martin Luther King, Jr.*, eds. Clayborne Carson and Peter Holloran (Warner Books, 2000).

26. Martin Luther King, Jr., *Stride toward Freedom: The Montgomery Story*, ed. Clayborne Carson (1958; repr., Beacon Press, 2010).

27. Ibid.

28. C. S. Lewis, *The Four Loves* (Brace & World, 1960).

¡DEJA DE CAMINAR SEGURO Y COMIENZA A CORRER HACIA EL RUGIDO!

«Es tiempo de confiar en nuestro Dios, que nos permite hacer cosas que parecen más grandes de lo que podemos imaginar».
—Craig Groeschel, autor de *Son filtro*

Persigue tu León es más que un eslogan; se trata de un enfoque radicalmente diferente ante la vida. Solo cuando dejamos de temer al fracaso podemos agarrar a la oportunidad por la melena.

En base a 2 Samuel 23, *Persigue tu León* narra la historia real de un antiguo guerrero llamado Benaía que persiguió a un león hasta un hoyo un día con mucha nieve… y lo mató. Para la mayoría de la gente, esa situación no sería simplemente un problema… sería el último problema al que alguna vez se enfrentaron. Para Benaía, era la oportunidad para entrar en su destino. Después de derrotar al león, consiguió el trabajo con el que soñaba —guardia personal del rey David— y, al final, se convirtió en comandante en jefe del ejército de Israel bajo el imperio de Salomón.

Escrito de una manera que desafía y anima, este libro revolucionario te ayudará a dar rienda suelta a la fe y al valor que necesitas para identificar, perseguir y atrapar tus sueños.

¡PERSIGUE TU LEÓN!
¡CAMBIA AL MUNDO!

¿Nos convertimos en ángeles al morir?

Los mitos acerca de los ángeles están en todas partes. ¿Nos convertimos en ángeles al morir? ¿Los ángeles siempre están en guardia para protegernos del peligro? ¿Podemos hablar con ellos? Muchas de nuestras ideas acerca de los ángeles vienen de los medios de comunicación, que está más interesado en los puntajes y la venta de entradas que la verdad. Es importante que los cristianos entienden lo que los ángeles son en realidad.

El pastor Jack Graham le guía a través de las Escrituras, revelando la verdad sobre los ángeles y lo que nos ofrecen: estímulo, el consejo, la confirmación de la voluntad, la fuerza, la protección, la sabiduría, la compañía de Dios, y mucho más. Centrándose en la aplicación práctica separa la realidad de la ficción y demuestra que la función principal de los ángeles no es llamar la atención sobre sí mismos, sino para apuntar hacia Cristo.

Jack Graham, cuando Prestonwood en 1989, la congregación tenía 8,000 miembros, con su entusiasmo, mensaje directo y poderoso desafió a la iglesia con una visión de un alcance más amplio, hoy tiene mas de 40.000 miembros. El Dr. Graham fue ordenado al ministerio evangélico en 1970 y tiene una maestría en divinidades con honores y un doctorado en ministerio en la iglesia y el anuncio del Seminario Teológico Bautista del Suroeste.

EL CIELO REAL

Lo que afirma la Biblia

CHIP INGRAM

CON LANCE WITT

Con todas las sensacionalistas historias acerca del **CIELO** contadas por personas que afirman haber muerto y vuelto a vivir,

¿CÓMO SABER REALMENTE QUÉ CREER?

¿Qué dice, en realidad, la Biblia acerca del cielo?

¿Cómo nos afecta ese tema?

¿Qué sucede en el momento después de la muerte?

¿Cómo serán nuestras relaciones en el cielo?

Chip Ingram hace a un lado el ruido publicitario y los mitos, y excava en las Escrituras para descubrir lo que Dios quiere que sepamos sobre la vida después de la muerte. Más importante aun, Ingram muestra por qué nuestro entendimiento del cielo es valioso ahora, en esta vida. Porque lo que creemos acerca del cielo en realidad nos afecta hoy en formas que quizás no nos hemos imaginado.

CHIP INGRAM es pastor principal de la congregación Venture Christian Church, en California. Pastor por más de veinticinco años, Chip tiene una capacidad única para comunicar la verdad y desafiar a la gente, de una manera cautivadora, a vivir su fe. Chip y su esposa, Teresa, tienen cuatro hijos y diez nietos.

LANCE WITT es fundador de REPLENISH (www.replenish.net), un ministerio dedicado a ayudar al liderazgo cristiano. Lance sirvió como pastor principal y ejecutivo en Saddleback Church. Ayudó en las campañas de 40 días con propósito.

Otro libro de:  www.editorialniveluno.com *Para vivir la Palabra*

Le invitamos a que visite nuestra página web donde
podrá apreciar nuestra pasión por la publicacion
de libros y Biblias:

WWW.EDITORIALNIVELUNO.COM